実践する色彩学

吉田麻子

はじめに

「実践する色彩学」を手に取ってくださった皆様、ありがとうございます。
ようこそ、深淵で雄大な色彩学の世界へ。

色というものは、知れば知るほどにその奥深さに驚かされます。魅力と不思議に満ちた色彩学の世界は、一生を尽くしても完全に知ることができないほど、とても広範囲で奥深いものです。

一方で、色はとても親しみやすい日々の刺激でもあります。色があることで私たちの人生はとても情緒的なものとなっています。

色は知的好奇心を満たしてくれる、とても面白いアカデミックな学問としての側面と、大変使い勝手の良い、私たちが幸せな人生を送ることができるための有益な道具としての側面を持ちます。

学問としての側面は、知れば知るほどに面白いものです。世の中の随所に、歴史の随所に、色が意味を伴って使われています。知識があると見方が変わります。色彩学を学ぶようになってからは、街を歩いていても色が目に付くようになりました。

道具としての側面は、知っているだけでは効果を発揮しません。道具であるからこそ、使ったときに初めてそのすごい効果を体験することとなるのです。


本書「実践する色彩学」は、知識として色の面白さを知っていただいた上で、さらに道具として色を使って色のすごさを皆さんに味わっていただきたい一心で書き上げたものです。

私自身、まだまだ途中で理解も未熟ではありますが、色彩の勉強を10年以上してきて、色のもつ絶大な効果に驚く日々です。色彩のことを知るようになればなるほど、自分自身が年々変化していることを感じています。これが色のすごさなんだ、と感動しています。

私が色彩学を学んだ前半は、知識を習得する日々でした。色彩学という山脈から知識を得ていく面白さに、昼夜を忘れて勉強に没頭し、夜更けに机に向かいながら新たな知識の習得に「へえ！」と声が出てしまうほどでした。

後半は似合う色や気になる色を普段の自分の生活でどんどん使うようになりました。こちらは私にとって勉強というよりは遊びに近い感覚でしたが、こちらのほうが絶大な効果を発揮することに驚きました。このあたりから自分自身が大きく変化していくのを感じました。

「色は知っているだけでなく、実践してこそ、そのすごさを堪能できる！」

自分の性格がポジティブに変化したり、体にエネルギーがみなぎるのを感じるようになったり、目標を達成しやすくなったり、小さい頃から思い描いていた理想の人生にだんだん近づくようになってきて、「これは色を普段から摂取しているからだ」と気づいたとき、色の力を確信しました。

色がもつすごい力を、一人でも多くの方にお伝えし、そして色をご自身の人生をうまく生かせるための道具として使う方々が増え、色によって輝く方々がどんどん出現していったら、とわくわくしながら本書の原稿を書きました。

もし私が機会をいただき、「色によって人生を輝かせる」ということをテーマにした色彩の講座をどこかの大学で一年間実施するとしたら、どのようなカリキュラムを組むだろうということをわくわく想定して、本書を構成しています。

まずは色について初めて学ぼうとする皆様へ、第一章「色の正体」で、「色とは何ぞや」をお伝えしています。色ってなあに？　色は知覚刺激であり、波長であり、キャラクターであり、象徴であり、記号であり……。あって当たり前の「色」というものはいったい何なのかということから始めていきます。

そして第二章「色のふるまい」では、日常の各分野において色彩はどのようなふるまいをしているのかを、お伝えしていきます。

第三章「色とのつきあい」あたりから、内容は知識から実践へ移っていきます。似合う色、好きな色、気になる色……、普段どのように色とつきあえばよいのか、さまざまな観点からお伝えします。どんどん色とつきあってください。このあたりから生活が変わり始め、自分自身に変化が起こることを感じていただけることでしょう。

第四章「色を実践する」では、いよいよ自己実現のための色の道具化にチャレンジしていただきます。色を理解し、色を味わえるようになったからこそ、成果の出

使うことで自由自在にセルフコントロールができる人物になっていきましょう。る、色で成果を上げる、色でモチベーションを管理する……など、色を道具としてる段階です。色の摂取の仕方、色で第一印象を操作する、色で気をコントロールす

本書を読み終えていただき、生活習慣が変化するようになると、前よりパワーアップした自分を手に入れることができます。

今後の人生は、「色」という親しい道具を携えて、パワフルにハッピーに生きていくことができるはずです。

古代から連綿と続いてきた色と人の情熱的な関係の真の意味が、自分の内側から湧き起こるエネルギーとしてご理解いただけると思います。

それはむしろ、人間の可能性のすごさでもあります。

色はあくまでも道具です。

そして色は、人間の可能性のすごさを引き出すことがとても得意なのです。

色が皆様の人生をますます輝かせることをお祈り申し上げます。

２０１２年４月　春の光に包まれた札幌にて　吉田麻子

第一章 色の正体

第二章

色のふるまい

第三章　色とつきあう

第四章　色を実践する

第一章

色の正体

いろ【色】

（広辞苑　岩波書店刊より）

視覚のうち、光波のスペクトル組成の差異によって区別される感覚。光の波長だけでは定まらず、一般に色相（単色光の波長に相当するもの）、彩度（あざやかさ即ち白みを帯びていない度合）および明度（明るさ即ち光の強弱）の三要素によって規定される。色彩。

色彩に関係ある次のようなもの。（1）階級で定まった染色。当色（とうじき）。（2）禁色（きんじき）。（3）喪服のにびいろ。（4）婚礼や葬礼の時、上に着る白衣。色着。色被り。（5）顔色。（6）おしろい。化粧。（7）醤油（しょうゆ）や紅（べに）の異称。

容姿などが美しいこと。（1）容姿または髪の毛が美しいこと。（2）物事の美しさ。

ものの趣。（1）興味。趣味。（2）きざし。様子。（3）調子。

愛情。愛情の対象たる人。（1）なさけ。（2）色情。欲情。情事。（3）情人、恋人。色男。色女。（4）遊女。

（1）種類。品目。（2）（種々の物の意）租税としての物品。しき。
邦楽で、主旋律でない装飾的な節。また、言葉の部分と節の部分との中間的な扱いをする唱え方。謡曲・義太夫等種目ごとに類型がある。

色は知覚刺激

色は外部刺激です。
私たちは「色」という〝刺激〟を感じているのです。
甘い、とか、熱い、とかと同じように、「赤い」と感じているのです。
色は人間が眼で感じる外部からの知覚刺激です。
私たちは、赤いリンゴを見るとその表面色である「赤さ」を知覚したことになります。

具体的には、何かの物の「赤さ」が眼から入ってきて、その「赤さ」という情報が網膜で信号処理され、脳へ伝達されて心理的、生理的に「赤さ」に反応します。

私は最初このことが理解できず、【人→赤いリンゴ】というように、ただ私が赤いリンゴを客観的に目撃しているだけのように思っていたのですが、赤いリンゴを見る、という行為は、リンゴの表面色である赤が、【赤い刺激→人の眼】というように入力され、主観的に網膜で感じているんだということがカラーの勉強をして初めてわかりました。

つまり、色は「甘い」や「熱い」と同様に、「赤い」という外部からの知覚刺激なのです。ケーキの場合も、【人→ケーキ】ではなく、【ケーキの糖分→人の舌】ですから、外部知覚刺激です。

なんとなく、触ったり、味わったりするほうが「体感」している感じがして、色は「ただ目撃しているだけで体感まではいかない」と思っていたのですが、網膜で感知している時点で、もう自分の感覚器官が反応していることになるわけですから、色は体感なのですね。私たちは色という刺激を知覚し、体感しているのです。

たとえばリンゴの赤の見え方のメカニズムはこうです。

リンゴがどんなに赤くても真っ暗闇の中ではその赤を見ることはできません。ですからまず光が必要です。明るい場所であることが前提になります。明るさは、昼間だったら太陽光でしょうし、夜なら室内の照明光などでもOKです。

その太陽光や照明光などの光源からの光（特に色がついていない無色透明な光）をリンゴが浴びると、赤以外の波長をもった光はリンゴの中に吸収されてしまいます。吸収されずにリンゴの表面で反射した波長域（赤の場合は長波長域）の光が「赤い色」として見ている人間の眼に入ってきます。

眼に入ってきたこの光は、眼の奥にあるバックスクリーン、網膜で処理されます。

網膜には、波長の違いを識別することができる視細胞がおよそ650万個あるといわれています。それらは3種類あって、それぞれ長波長の赤に反応するR（レッド）錐体細胞、G（グリーン）錐体細胞、短波長の青に反応するB（ブルー）錐体細胞です。TVや携帯の画面のように私たちの網膜もRGBで管理されているのです。

リンゴから反射されてきた赤い光には、赤担当のR錐体細胞たちが反応し、「赤いです！　赤いです！」と信号を発します。その信号が処理されて、脳へ伝達されます。そこでリンゴの丸い形や過去の記憶データと照らしあわされて、「赤い、丸い、見たことがある……リンゴだ!」と理解するのです。

これを一瞬でやっているのですから人間の眼はすごいですね!

私はカラーの勉強をしてきた中で、「眼の構造」の勉強が大好きでした。自分たちの眼がこんなに精巧だなんて……、こんなにたくさんの「係」があってそれぞれが完璧に動いているなんて……、試験勉強をしながら感動していたものです。ご興味のある方は、ぜひ「眼の構造」を調べてみてください。自分の体の器官(眼)とその結果(眼前の風景)の関係性の素晴らしさを感じることと思います。

色の情報は人生においてとても大切な情報です。

色彩という知覚刺激によって、緊張や弛緩、興奮や鎮静、寒暖や軽重、象徴、記号、味、匂い、等々さまざまな心理的、生理的効果をともないます。

よく色は個人的な経験であり、カラーセラピーなどは女性が好む一分野で、それを信じる愛好者たちのものだと思われることがありますが、40度のお風呂に入ったときに、誰もが一様に温かいと感じたり、糖度が高いケーキを食べて、誰もが同様に甘いと感じるように、色も共通認識できる知覚刺激だといえます。このことがあるからこそ、信号機に記号的に色を使うことができたり、禁止の看板に赤を使ったり、注意のサインに黄色を使うことで、民族や年代、性別に関係なく、多くの人に同じ情報を伝達することができるわけです。


私たちは五感から外部情報を得ています。

五感というと、視覚、聴覚、嗅覚、触覚、味覚です。

普段暮らしているときも、五感それぞれに外部刺激があり、たとえば海辺のカフェでコーヒーを飲むにしても、コーヒーの香りを嗅ぎ（嗅覚）、ゆったりとしたソファに座り（触覚）、ケーキの甘さを味わい（味覚）、好きな音楽を聴き（聴覚）、そして眼前に広がる青い空と青い海を見ているわけです（視覚）。

このとき、これらの外部刺激のうち印象の大きさは青い空と青い海の情報が圧倒的であることは想像がつくのではないかと思います。実は五感のうち、8割以上が視覚情報であるといわれています。私たちは視覚情報からたくさんの刺激を得ているのです。

さらにいうと、その視覚情報のさらに8割以上が色彩の情報であるようですので、何色を見ているかは、大きな知覚情報であり、見ている人物に大いなる生理的、心理的効果を引き起こしていることになるのです。

まさに、何色を見ているかが人生、といっても過言ではないかもしれません。

それほど大きな刺激である「色」を、人生をうまく生かすために用いたとしたら、その効果のほどはかなり大きなものであることが想像できるのではないでしょうか。

色は記号

街を歩いていると、色がいろいろな情報を発していることに気づきます。

色にはそれぞれ象徴的意味があるので、私たちはその色を見るだけで伝達されるメッセージを何気なく受け取っているのです。

赤を例にとってみましょう。

信号機は、「停まれ」がとても大切な情報ですから強い禁止のメッセージ性をもつ赤が用いられています。赤には「緊急」、「重大」、「禁止」というようなイメージがあるので、消防車や緊急停止ボタン、立ち入り禁止マークや、危険物を知らせるときなどに使われています。このために赤を見ると私たちは「このドアを開けてはいけないんだな」、「緊急時に使うものがここにあるな」ということを、文字を読むより先に色で認識することができます。

以前は、この赤の重要性を保つために、緊急車両以外の自家用車に赤色を用いることを禁じていた時代があったくらいでしたが、現在ではそのようなことはなく、目立つ派手な色である赤を自社のアピールに使おうと、立て看板やポスターなどにも赤が氾濫しています。そのため、赤には「活気」、「店舗」というようなイメージも付加され、飲食店街や繁華街を彩っています。

実際、太古の時代には、私たちの祖先は緑一面の山の風景から赤い果実を識別、発見して、食糧としていました。人間以外の動物は魚や鳥などをのぞくと視覚よりも嗅覚が発達しています。視覚が発達している私たち人間が、緑一面の中から赤い果実を弁別できたのは色覚能力のおかげです。

このことにより、赤は私たちにとって「あそこに食べられるものがある」という記号的役割をもたらします。ですので、赤ちょうちんなどの飲食店の赤い看板に食欲をそそられるのです。こういった背景があり、赤は飲食店街を象徴するような色にもなっています。

一般に赤、オレンジ、黄は視覚的に目立つため、交通標識やＪＩＳの安全色においても、赤が禁止、オレンジは危険（航空、船舶のレスキュー）、黄色は注意という意味をもち、緑や青は、赤・オレンジ・黄ほどには目立たなく、興奮性を伝えないことから、平常時を意味する進行（信号機）、指示（工場内手袋着用など）、情報（道路案内など）などに使用されています。色を見るだけで、「危ないから気をつけて！」と興奮を込めていっているのか、「情報だけを伝えます」と冷静にいっているのかが分かるようになっています。

色は寒暖の記号にもなっています。

水道の蛇口は、水が青、お湯が赤です。間違っては火傷につながる重要な情報ですが、その識別に色という手段が選択されています。万人共通の記号的意味の理解がすでにあるからなのでしょう。

ＴＶの天気予報でも、前日との気温差をあらわすときなどにプラスであれば赤、マイナスであれば青が用いられています。

自動販売機にある飲み物の寒暖の表示「あったか〜い」、「つめた〜い」の表示も暖色と寒色で分けられています。

寒暖から転じて、暖色をプラスの意味、寒色をマイナスの意味で使うこともあります。たとえば携帯電話の絵文字などで、赤やオレンジやピンクや黄色は、笑顔や楽しさをあらわすのに対し、青系の絵文字は悲しさや落ち込みをあらわします。

最近ではＴＶで出演者のセリフをテロップとして画面に流すことが多くなりましたが、その場合でも「ボーナスが上がりました」というようなプラスのセリフは暖色で、「今年はボーナスカットでした」というようなマイナスのセリフは寒色であらわしているようです。

ただ、学校の勉強や経営の数字管理など、「黒」を使うことが定番化しているシーンにおいては赤がマイナス情報をあらわします。

学校の試験では、低い点数結果を「赤点」とあらわしたり、経営の数字では利益がマイナスであることを「赤字」といったりします。「黒」の存在があるからこその「赤」の意味になっています。

赤は、補色である緑と組み合わされて使われていることもあります。

携帯電話などの充電器のランプが、充電中は赤、充電完了すれば緑に点灯します。これは、ＪＩＳの安全色にもみられるように赤が「非常事態」、緑が「平常時」をあらわしているのです。

このような広範にわたる万人共通の記号的役割を色彩は果たしています。

これが、色彩が「インターナショナルランゲージ（国際語）」といわれるゆえんです。

色は連想

レモン色をみるとフルーツのレモンが頭に浮かぶように、ある色を見ると、その色をした何かを自動的に思い出すことがあります。これを色の連想といいます。

私もよく自分の講座の中で「連想ゲーム」をやることがあります。赤や青の色を生徒の皆さんに見せて、この色から何を連想するかと問うのです。面白いことに、生徒さんの顔ぶれが年輩の男性経営者が多い場合でも、女子高生が相手の場合でも、連想ゲームの答えはとてもよく似ていて案外ワンパターンです。

赤い色から連想するものは、リンゴ、イチゴ、トマト、ポスト、消防車、鳥居、血……。青い色から連想するものは、空、海、水、川、銀行、清涼飲料水……。つまり、色の連想は幅広く共通性があることがわかります。もちろん、世代間、一定地域内でしか共有できないような連想語も出てきますが、かなり広い範囲で共有している連想語が多く存在します。


もし皆さんが、カラーコーディネーターとして飴のパッケージ配色を提案することになったとしましょう。商品パッケージは、内容物がどんな性質のものなのかを色で表現していなければなりません。何色のパッケージにするかで売り上げが大きく変わります。色が内容物を連想できるものであることが必要なのです。

今度スーパーやコンビニに行ったら、ぜひ、飴売り場をチェックしてみてください。どの色のパッケージが何味の飴なのかをパッケージが物語っているはずです。これは、色の連想性が大きく関与しています。酸味を感じられるような黄色のパッケージの飴があれば、消費者はそのパッケージの色から「レモン」を連想します。
もし、大きく文字で「ぶどう味」と書いてあっても、レモン色の情報からレモン味を連想してしまったら、もう脳には「これはレモン味の飴だ」と入力されてしまうのです。色の連想は瞬間的で、自動的です。

ただ、色の連想は万能ではありません。ある一定世代間でしかわからない連想語、ある一定地域内でしか共有できない連想語もあるからです。たとえば赤、といえば鳥居と答える人も多いですが、神社という存在を知らない国の人には鳥居を連想することはできません。赤、といえばコカコーラを想像する人もいるでしょうが、コカコーラの存在を知らない時代や地域の人も存在することでしょう。赤、といえば「うちの学校の体育の先生の赤ジャージ！」と答える人がいて、それに賛同する人が多くいたとしても、それはとても限定的な地域内での連想語で汎用性はありません。

また、日本では赤からリンゴを連想しますが、欧米では緑からリンゴを連想します。

日本では、赤から太陽を連想しますが、欧米では黄色から太陽を連想します。

この連想語のうち、時代や地域を問わず誰もが想起するものは、象徴語といわれます。象徴語はその意味を共有できる範囲が広いため、国旗やポスターなどにも色が象徴的に用いられている例をみることができます。

たとえば、「人生をボクシングに賭けた熱い男の一生」をテーマにした映画を作るとしたら、ポスターは赤が相応しいでしょう。「自然派の生活を送る家族を題材にしたエコのメッセージを込めた映画」であれば赤よりも緑のポスターのほうがしっくりきます。赤には情熱、熱血というような象徴語が、緑には平和、エコロジー、自然というような象徴語があるからこそ、このように色をポスターに用いることでその象徴語のもつ「感じ」を表現できるのです。

それぞれの色には、次のような象徴語があります。

【赤】

情熱、革命、生死、血、炎、火、朝日、競争、前進、父性、祝い事、

【オレンジ】

友好、コミュニケーション、飲食、家族、喜び、遊び、祭、積極性、行動

【黄色】

知識、知恵、情報、ハッピー、明るさ、陽気、子ども、無邪気、好奇心、個

【緑】

平和、調和、バランス、エコロジー、リラックス、癒し、絆、愛、仲間、変化

【青】

冷静、内省、誠実、抑制、ビジネス、静寂、停止、青空、母性、寒冷、平静

【紫】
芸術、奇抜、ミステリアス、高貴、セクシー、宗教、冠婚葬祭、占い、高位

【ピンク】
春、桜、女の子、恋愛、女性的、甘え、依存、愛、思いやり、ホスピタリティ

【白】
浄化、クリア、完璧、白紙、雪、空白、清潔、リセット、礼

【黒】
プロ、職人、死、絶望、罪、大物、お洒落、闇、夜、髪の毛、鍛練

【茶色】
大地、木、安らぎ、落ち着き、保守的、伝統、無添加、田舎、安堵

【グレー】

あいまい、中間、都会、雑踏、消極的、無関心、無機質、機能的

色の連想や象徴は、意識しなくても自動的にそのものを想起するために、間違った色を使うことで相手に誤解や思い込みを与えてしまうことがあり、注意が必要です。コーポレートカラーや名刺に使用したり、ネクタイや服装でその色を多く着ることにより、企業や人物にその色の象徴や連想が付加されて理解されます。商品パッケージであっても色によって無添加のものがそう見えなかったり、暖かいものが冷たく見えたりすることがあるのです。

色はキャラクター

アイドルグループでは、歌うとき、色違いの衣装を着ることがあります。

あの衣装の色は、「〇〇くんは何色」というように曲を問わず定着していくこともあるそうです。色とその人のイメージがファンから見て結びついていくのでしょう。

そう考えると何色の衣装が自分にあたるかはアイドルにとって重大問題！　アイドルの中では「赤い衣装の取り合い」なんていうこともあるようです。赤はリーダーの色！　主役の色！　赤争奪戦はイコール主役の取り合いに直結する問題なのです。

人はその人の衣装の色でその人のキャラクターを判断してしまうことがあります。色にはすでにある程度の性格（キャラクター）がついているのです。

たとえばアニメの戦闘ものなんかがそうです。赤レンジャーは正義感があり、リーダータイプで熱血漢。青レンジャーはちょっとクールで冷静なタイプ……というように色がキャラクター化されています。ＴＶのアイドルグループやアニメの登場人物などを注意深く見てみてください。きっと、色とキャラクターが結びついていることを発見できると思います。

近くの方々を見まわしてみてください。

いつも真っ赤なジャージを着た熱血教師。

黒づくめの職人。

パステルピンクのワンピースを着た夢見がちな少女。

黄色いＴシャツを着たＴＶの中のお笑い芸人。

紫のストールがミステリアスな占い師。

まるで色とその人が結びついたかのようにぴったりです！

ＴＶや映画を見てみても、色がキャラクター表現に使われていることがとても多いです。

もし皆さんが監督だったら、誰にどんな色の服を着せますか？

いつも冗談ばかり言っているクラスの人気者には？

コスモスの花のように儚げな美をもった女性には？

「いかにもその人らしい」色の衣装を着せるのではないでしょうか。

ではここで、色別のキャラクターを見てみましょう。自分に当てはまるものはあるでしょうか？

【赤のキャラクター】

熱血漢で頑張り屋さん。責任感があり、情熱をもってミッションを全うします。頼まれたことはイヤといえず、むしろ張り切ってしまうところあり。頼られることが大好きな兄貴分、姉御肌。体をはって頑張るタイプで、知能型というよりは体力型、猪突猛進型。学級委員や生徒会長、経営者やＰＴＡの会長など、人の上に立つリーダータイプの人が多いです。停滞、保守が苦手な革新的で行動的なタイプ。気性が荒く、怒りっぽいが、情け深く愛情たっぷり。人生で大切なことは「挑戦」。

【オレンジのキャラクター】

人の笑顔が大好きで、サービス精神が旺盛なタイプ。誰かが喜んでくれるためならピエロ役を演じることもあり。エンターテインメントやイベントが大好きなお祭り気質。遠足の前の日はわくわくして眠れない。グルメ情報に詳しくいろいろなお店を知っているので宴会の幹事を任されることも多い。人を招いておもてなしをするのも大好き。誰かの誕生日にはサプライズプレゼントをすることも！　人を喜ばせるエンターテイナー。人生で大切なことは「笑顔」。

【黄色のキャラクター】

行動するよりまずは情報を集め戦略を練る知性派タイプ。先頭に立って戦うというよりは、知恵をしぼり戦術を考える軍師。人は人、自分は自分と考えることができる自律型。開店間もないラーメン屋さんのことから、政治経済のトップニュースの詳細まで、何でも知っている情報収集の達人。好きなことをとことん追い求め、集めるコレクターの一面も。頭の回転が速く、弁が立つ黄色さんは憎めないアイドルタイプ。人生で大切なことは「知」。

【緑のキャラクター】

いつも周りを見渡し、「平和」かどうかを気にして思いやる気遣いタイプ。ただ横にいるだけで、ほんわか優しい気持ちにさせてくれる癒し系。ナチュラルであることを大切にし、衣食住に渡ってオーガニック、自然派、無添加などのキーワードを大切にしています。争いごとが嫌いで中立を愛する傾向あり。仲間が大好き、「みんな一緒」であることを大切にするので、流行しているものや大衆的なものを好む。バランスを重要視するので大きくはずれた行動をとることはない、平凡こそ幸せ。

人生で大切なことは「絆」。

【青のキャラクター】

冷静、沈着、クールな二枚目タイプ。決して目の前のことに焦ったり、テンパったりするようには見えず、静かに対処する。一人の時間を大切にする内省タイプ。語ると深い人生哲学のような話になる。青空が地球を包み込むような、公平・平等な視座をもち、大きな包容力をもつ。人の肩書や物質面よりも、精神面を重要視する傾向あり。几帳面で秩序を大切にするタイプ。比較的おとなしく、きちんとした誠実なキャラクター。人生で大切なことは「精神面」。

【藍色のキャラクター】

寡黙で落ち着いたタイプ。浮ついたことや軽はずみな行動はとらず、実直でこつこつと物事に取り組む。青がもっと深く濃くなった藍色は、青のキャラクターに増して、さらに深く内省的で、鎮静しているタイプ。直感やひらめきを得る受信能力が高く、物事の本質を見極め、未来を見通すような「目」。落ち込むときは浅いところではなく、とことん深いところまで落ち込んでから本質を掴んで這い上がってくるような精神性の深さがある。人生で大切にしていることは「真理」。

【紫のキャラクター】

情熱の赤と冷静の青の両面を併せ持つ紫さんは、ミステリアスな魅力をもつ。紫は地球上に少ない色であるので、個性的で非凡なキャラクターであるといえる。人とはちょっと違うそのセンスは抜群！　芸術家タイプ。浮世離れした言動が多く、現実社会で順応することができないこともあり、占いやスピリチュアルな世界を愛する傾向も。その不思議な魅力が周りを魅了する。外見もおしゃれで美を追求している。人生で大切にしていることは「美」。

【ピンクのキャラクター】

かわいらしくて愛くるしい甘えっ子タイプ。困っている人を見たら放っておけないし、さびしいときは近くにいる人にそっと寄り添い愛を求める。基本的に「守ってほしい」欲求が強く、弱者の発言をしたり、強い人にくっ付いていったりする。

残業している人を見たら、「仕事を早く終わらせるため」にではなく、「かわいそうだし、大好きだから」手伝う。どんな人にも愛をふりまき、優しさで周りの空気をやわらかくすることができる。人生で大切にしていることは「愛」。

【白のキャラクター】

完璧主義で、キレイ好き。オフィスの机の上はパソコン以外の物がないくらい整然としている。家の中もシンプルライフ。すっきりといつも片付いていて、何がどこにあるかすべて把握できている。緊張感を大切にしているので、ときには人をはじき返すような潔癖症なところもあり。礼節を重んじ、形式美を大切にするきちんとしたタイプ。茶道や職人などの手順や所作の美に感銘するタイプ。人生で大切にしていることは「礼」。

【黒のキャラクター】

修行を積んでプロフェッショナルを目指すタイプ。日々の鍛練、修養の積み重ねが本物をつくると考えるので、軽々しい方法論ではなく熟成され、積みあがったしっかりとしたものを好む。ジョギングや学びなど、一朝一夕に出来上がらないストイックな取り組みが好き。食べ物を選ぶときも熟成されたワインや本場仕込みの物などに魅力を感じる。口が重く、フットワークのよいタイプではないが、一度引き受けた仕事は徹頭徹尾やりきる。人生で大切にしていることは「重み」。

【茶色のキャラクター】

物事を大切にする保守派。伝統的なもの、歴史のあるものを好み、最近の流行のものやムーブメントのようなものには乗らない。たとえば、鞄なら値段の張るいいものを買って、丁寧にお手入れしながら一生使うようなタイプ。自然派を好み、人工的な美しさよりも素材色や質感の美しさを愛でる。人生で大切にしていることは「自然」。

【グレーのキャラクター】

自己主張のない、繊細なタイプ。目立つことを嫌い、人の目線が来ることを避ける傾向がある。自分自身もまるでグレーのコンクリートの家の中に閉じこもっているかのように世の中に対して無関心なところあり。静寂や侘び寂びの世界を好み、インテリアやファッションも色味のないものを好む。都会的なステンレスやガラスの質感も好き。人生で大切にしていることは「曖昧の美」。

いかがでしたか？　自分自身に当てはまりそうな色はありましたか？

以上のように色はキャラクターでもあります。

ということは、どの色を着るかによって自分のキャラクターを自由自在に変化させることもできそうですね。また、無意識にいつも着ている色によって、周りからのイメージが固まってしまうこと、場合によっては誤解されてしまうこともあるかもしれませんね！　これらを意識することにより、自分の他者からのイメージをつくることができますのでぜひ洋服などで取り入れてセルフプロデュースをしてみてくださいね！

色は波長

色は電磁波の一種です。

「電磁波」というと、たとえばテレビ波、ラジオ波、皆さんがお持ちの携帯電話からも電磁波が出ています。レントゲンを撮るときのエックス線や、紫外線、赤外線もそうです。

紫外線、赤外線……。よく見ると、紫の外の線、赤の外の線と書きます。実は紫外線と赤外線の間に「色」が存在しているのです。色は、「目に見える電磁波」であり、可視光といわれます。

紫外線は目には見えません。太陽光線に含まれており、人の皮膚に日焼けなどの作用を起こします。天気の良い朝にカーテンを開けて、「うわー、今日は紫色の線がたくさんあるなあ」とはならないですよね。可視光（目に見える光＝色）の端であるバイオレットの向こう側が紫外線。英語でもＵＶといいます。バイオレットを越えた線という意味でウルトラバイオレットレイの略がＵＶです。

赤外線も目には見えません。熱を感じるので熱線とよばれています。こたつやストーブなどで赤外線を使用したものが、電源が入ると赤くなったりしますが、あれは赤く着色されているのであり、赤外線じたいは目には見えません。ただ、赤くなるようにしないと、消費者から「全然暖かくならない」とクレームが入るらしく、演出として赤外線が赤くなるようにしているそうです。色の効果はこんなところにもあるのですね！

昔、ルパン三世のアニメの中で、夜中に赤外線の装置がはりめぐらされた美術館のなかを、ルパンが「赤外線が見えるメガネ」をかけてくぐりぬけて逃走するシーンがありました。あのとおり、普段は赤外線は目には見えないのです。

その目には見えない紫外線と赤外線の間に、目に見える「可視光」が存在します。赤、橙、黄、緑、青、藍、紫の虹の七色です。これらは電磁波の波長の長さによって色みが異なります。赤が長い波長で780ナノメートル、紫が短い波長で380ナノメートルです。ナノ、というのは最近ナノテクノロジーという言葉がありますが、とても小さな単位のことをいい、ナノメートルは10億分の1メートルです。

イギリスの物理学者ニュートンは、無色透明な太陽光を真っ暗な室内に導き入れ、その光が室内に置いた三角柱のガラス棒、プリズムに当たるようにしたところ、反対側の壁に虹があらわれた、という実験を１６６６年に行い、「スペクトル」を発見しました。「スペクトル」というのは、反対側の壁にあらわれた虹の七色のことをいいます。

これを見てニュートンは言いました。「光に色がついているのではない」……どういうことかというと、光は人間が感じるんだということです。

私たちはさまざまな電磁波に囲まれて暮らしています。電磁波というのは電気と磁気のエネルギーのこと、波の性質をもって伝わってくるもののことです。電磁波のなかには、電波や光やガンマ線などが含まれています。

これらのうち、目に見える光つまり可視光のことを、私たちは「色」として認識しています。私たち人間は、この可視光の波長の違いを認識・区別できる網膜をもっているのです。色は「物理量」ではなく、「心理物理量」だといわれたりしますが、色というのは経験であり、主観的知覚であって、長さや重さのように絶対的に質量を計れるものではなく、ある条件下においてこのように見えた、というような内的経験であるのです。

私たちの網膜にある視細胞は、長い波長の光を「赤」と感じ、短い波長の光を「青紫」と感じます。

空に架かる虹は、ニュートンが発見したスペクトルの正体です。太陽光が水滴を通り抜けるとき、長波長の赤は屈折率が低く、短波長になるにつれて色ごとに屈折率が高くなるので、ずれて正体をあらわしたものが虹です。

人間はこの波長の違いを識別できる眼をもっているのです。

色は色素

リンゴの赤、マグカップの青、スカートのピンク、絵画の緑……ちょっと周りを見渡してみるといろいろな物体にそれぞれの色が付いています。これらの色を付けているのはなんでしょう?

物体の色は、染料や顔料によるものです。

ちなみに水や油に溶けるものを一般に染料といい、水や油に溶けないものを顔料といいます。

染料は水や油によく溶け、紙や布を染めます。衣服を染めたりするときも染料の水溶液に服や糸をジャボンと漬けて染めます。顔料は石を砕いたようなもので水や油に溶けないので、糊と混ぜてプリントしたり、塗り付けたりします。

昔は合成染料、合成顔料がなかったので、自然界のものから色をもらい、物体に色付けていました。植物由来のものでは、人類最古の植物染料といわれる藍や茜をはじめ、ウコン、紫草、紅花などが使われていました。動物由来のものでは、パープルの語源となったプルプラ貝（紫色）や、ブラジルのサボテンに寄生するコチニール貝殻虫（赤色）などがあります。

１８５６年、イギリスの化学者パーキンが18歳のときにモーヴという紫色の染料を実験中に偶然発見したのが、合成染料のはじまりだと言われており、これを皮切りにヨーロッパを中心としてどんどん新しい合成染料がつくられ、世界最古の藍や茜も、インディゴ（藍色）やアリザリン（茜）にとって代わり、安価で自由な色の衣服を着られるような世の中になっていきました。

顔料はインクや塗料、化粧品、絵画などに使われています。

顔料は水や油に溶けないものであり、鉱物を粉砕して糊と混ぜたものです。古代から石や土が使われてきました。２万年前とされるアルタミラの洞窟画にも赤色顔料が使用されており、エジプトではクレオパトラが細かく砕いた孔雀石マラカイトグリーンを好んでアイメイクに使用していたのだとか。（魔除け的な意味や目の病気を防ぐ意味などもあったようです）

顔料も高価だったラピスラズリを使用したウルトラマリンブルーが安価な合成顔

料で代替されるようになるなど、美しい色彩を自由に表現できる時代となっていきました。

また日本の顔料としては岩絵の具があります。天然の岩絵の具は大変高価なものです。


色素は自然界にも見ることができます。葉っぱの緑は、緑色の色素クロロフィルによるものです。秋になると野山が黄色や赤やオレンジに紅葉するのは、クロロフィルが失われ、もとからあった黄色系の色素キサントフィルが視認できるようになったり、葉に蓄積されたブドウ糖の影響で赤色系の色素アントシアニンが生成されたり、ということから起こるものです。

花の色は、彩り豊かで私たちの気持ちをわくわくさせてくれます。お花畑の絵本のような美しさ、インテリアとして色彩を添える、など、花の色が与えてくれる喜びははかりしれません。花の色には、赤、オレンジ、黄、青、紫、ピンク、白などさまざまな色のものが存在します。

アジサイは、咲いている場所の土の酸性、アルカリ性の度合いにとって、赤、ピンク、紫、青と表情を変えます。土のｐＨが酸性だと花の色が青く、アルカリ性だと赤くなるのだそうです。ヨーロッパはアルカリ性の土なのでピンクが多く、日本の土は酸性のところが多いらしく、日本のアジサイは青いものが多いのだとか。アジサイの青が日本の初夏の冷涼感に一役かっているのかもしれませんね。

オレンジや黄色の花の色は、色素フラボノイドやカロチンによるものです。

花の色が鮮やかなのは、虫に見つけてもらい、受粉活動を活発にするためです。ですので、その地域にいる虫が見やすい可視範囲内の波長をもった色の花が残るのだそうです。南国に生息する虫は長波長がよく見えるので、暖色系の花が多く咲き、北国に生息する虫は短波長側に可視範囲がシフトするため、紫系の花が多いのだとか。

花の色はまた、太陽光から栄養をもらうためのサインでもあります。日本ではタンポポは黄色ですが、さらに北のロシアに咲くタンポポは赤黒い色をしています。より太陽光を吸収しやすくするために色が黒っぽくなっているのです。

人の肌色も色素によるものです。周りの方と肌色を見比べてください。皆さんそれぞれ肌色が微妙に違います。

黄みが強い肌色の方もいれば、ピンクっぽい肌色の方もいます。色黒と色白の違いもあります。

肌色は、ヘモグロビン（血色）、カロチン（黄色）、メラニン（褐色）の3つの色素から主に構成されています。ヘモグロビンは肌の赤みに影響します。バラ色の頬や赤い唇はその人を健康的に見せます。血色が多すぎても少なすぎても体調が悪く見えたりします。

カロチンは黄みです。女性ならファンデーションの色を選ぶときに黄みがかったオークル系か、黄みの少ないピンク系かを選ぶこともあるかと思いますが、カロチンの量が関わっています。ちなみに、ミカンを食べすぎると手が黄色くなることがありますが、数日でもとに戻ります。これは、摂取しすぎたカロチンは皮膚の下の脂肪に溜まりやすいために起こることです。数日経つと流れて消えていきます。

メラニンは褐色細胞で、日焼けなどの化学反応によって褐色化します。海に行ったときに、こんがりキレイに日焼けするタイプの人と、ただ赤くなるだけで翌日には白く戻る人がいますが、メラニンの多い人ほど日焼けしやすいといわれています。

食べ物にも色は付いています。野菜や果物は特にカラフル！

野菜の色はそれぞれ効果があります。トマトのリコピンの赤に抗酸化パワーがあったり、かぼちゃやとうもろこしのルテインの黄色に粘膜を強くする作用があったり、ほうれん草やブロッコリーのクロロフィルの緑に疲労回復や貧血防止の効果があったり、なすやブルーベリーのアントシアニンの紫は目に良いとされていたり、白菜やいものカリウムの白にデトックス効果があったり……。

色素はその物体の種類や役割を表現しているかのようですね！

色は気分

皆さんは朝起きたとき、どのようにしてその日の服装を決めますか？

「その日の気分の色」で選ぶこともあるのではないでしょうか。

色は、さま。赤は情熱的で元気な感じ、レタスのようなイエローグリーンはさわやかでみずみずしい感じ、白はさっぱりして静粛な感じ、黒はプロフェッショナルな玄人の感じ……というように、自分の気分と同調する色の服を着ることによって気分がよくなる経験をしたこともあるのではないでしょうか?

色には、象徴的、感情的意味があることから、ある特定の色ばかりが流行したり、時代によって色が変化したり、同一人物でも日によって服の色が違ったり、色が「気分」をあらわすことがあります。

服装の場合には特にわかりやすく、「今日はこんな気分」というのを色彩が表現しています。

色には時代の気分があらわれるといいます。

たとえばバブル時代へ向かう80年代、上から下まで黒づくめのカラス族ファッションが流行しました。あの頃は、全身に黒をまとうのが「気分」だったのです。衣服で流行した黒は、やがて寝具や車にも及びます。黒の「高級な感じ」が時代の気分だったので、色によって同調したのでしょう。

90年代にはギャルファッションが台頭し、茶髪、ガングロの女性たちが街を席巻しましたが、あれもその当時彼女たちにとってあのような髪の色、メイクの色が「気分」だったのでしょう。

「今日の気分は何色ですか?」というようなカラーセラピー体験をTVや雑誌で経験したことはありますか?

なんとなく気分の色を選ぶと、その日の自分はどんな気分なのかが示されるというものです。

ではここでちょっとそのカラーセラピーを体験してみましょう。

リラックスして、お答えください。

次の色のうち、今日のあなたの気分は何色ですか?

赤　オレンジ　黄　緑　青　藍色　紫　ピンク　白　黒　茶色　グレー

【赤】

気合充分です。やる気に満ちています。目の前の責任を果たそうとがんばっているところです。多少、テンパったり、イライラしているかもしれません。エネルギーたっぷりのときです。今なら物事を前に進めることができます。

【オレンジ】

行動のときです。自分から積極的に誰かを誘ってみたり、人に会いに行ったりしてみましょう。誰かを喜ばせるサプライズプレゼントをしてみたらよいときです。ご縁が広がり、交流が活発になります。

【黄】

いつもは人様のことばかりやっているあなたも、今日はちょっと自分のことにかまけてもいいかもしれません。少し自分のワガママを出してみましょう。今はすぐ行動するよりも、まず情報収集をして作戦や計画を練るのにいい時です。

【緑】

人間関係の疲れや肉体疲労などを感じていませんか？　のんびり癒しタイムをつくりたい、と体が言っているサインかもしれません。また、緑にはナチュラルという意味がありますので、本来の素の自分になってリラックスしたいと思っているかもしれません。

【青】

最近、静かな一人の時間はもてていますか？　いまは行動することや表面的なことよりも自分の内側にじっくりと入り込み、内省する時間が欲しいのかもしれません。一人会議、映画、読書など一人で過ごす時間を大切にしてみましょう。

【藍色】

物事のうわべだけではなく、もっと深いところにある本質を見極めたいという気持ちが高まっているのかもしれません。いつもより直感が高まっているかもしれません。今は理屈ではなく、感覚を大切にしてみましょう。思いがけないひらめきが訪れるかもしれません。

【紫】

美容に対する欲求が高まっているかもしれません。おしゃれを楽しんでみましょう。クラシック音楽を聴いたり、美術館に行くなど、魂が喜ぶような芸術と触れ合うことで、深いところが癒されるはずです。

【ピンク】

もっと愛してほしい！　優しくしてほしい！　甘えたい！　と思っていませんか？　まずは自分で自分をたっぷり愛して抱きしめてあげてください。そして花咲かじいさんのようにピンクを振りまく愛の人となってみては？　とても優しい気持ちになれるはずです。

【白】

白はリセット、浄化の色です。白が気になるときは、さっぱりしたい気分なのかもしれません。心機一転、ゼロリセット、一度白紙に戻したいのかもしれません。またはまっさらな気持ちで誰かに礼をつくしたいのかもしれません。


【黒】

黒は玄人の色、プロフェッショナル、職人の色です。いまは外的要因から影響を受けないようにして自分の鎧に籠り、修練をしたい時期なのでは。自分を出さず、守ろうとしているときも黒が気になります。


【茶色】

あなたはいつもより保守的になっています。新しいこと、革新的なことをやるのはあぶなっかしいと感じているのかもしれません。いつもの場所で、いつものメンバーと落ち着いてのんびり安心を感じたいという気持ちが高まっているのかも。

【グレー】

今日のあなたは、問題を明らかにせず、保留にしたいと思っているのかもしれません。AでもBでもない曖昧な状態でいたいのではないでしょうか。自己主張をしたくない、他者とコミュニケートしたくない、社会に無関心な日かもしれません。

このように色は気分をあらわします。

また、色は気分をあらわすだけでなく、その日の気分、その時代の気分の色を選択し、味わうことによって、楽しくなったり癒されたり、精神的によい効果を得ることができ、健全な心の状態をつくるのに役立ちます。

色は言語

色が言葉として意味を伝えることがあります。

日本語にはもともと、アカ、シロ、アオ、クロの4色があったといわれています。「〜い」をつけて形容詞化できるのもこの4色だけです。それぞれ、赤い、白い、青い、黒いというように形容詞として使うことができます。それ以外の色は、「〜色」がついている色名は、黄色い、茶色いなどと使うことができます。しかし、橙、緑、紫はまだ形容詞化されていません。橙い、緑い、紫いとは言いません。

（先日携帯電話のショップで応対してくれた若い女性が、「こちらのピンクい携帯でよろしいですか？」と話していて驚きました。言葉は生き物ですから、たくさんの人が「ピンクい」という形容詞を使うようになれば、広辞苑に「ピンクい」という言葉が載る日が来るのかもしれません！）

赤は、「夜がアケる」や「アカるい」からきています。朝日が赤々と燃えて昇り周囲を明るく照らす感じがイメージできます。明暗の「明」に近い意味で、明らかな、まったく、すっかり、というニュアンスがあり、「赤の他人」、「真っ赤な嘘」というように使われています。赤は古来から、魔除けとして使われていており、生まれたばかりの子を「赤ちゃん」と呼ぶのも、その皮膚が赤いから、という意味に加え、言霊として「赤ちゃん」と呼ぶことで魔除け的意味合いを込めていたといわれています。

白は、「シルし（印）」、「いちジルしい（著しい）」からきています。はっきりとしたさまをさします。「明白」、「潔白」などのように「はっきりさせる」というニュアンスが入っています。ちなみに「しろうと（素人）」は、平安時代の遊芸人の踊りが下手な人を「ただ顔を白く塗っただけの人」と揶揄したところからきているそうです。また、「面白い」は、面＝目の前のことが、白い＝はっきりとしている、つまり眼前の光景などが美しくひろがる様子からきているようです。

青は、「アワし（淡し）」、「アイ（藍）」、「アオぐ（仰ぐ）」など語源が諸説あるようです。昔は青と緑をまとめて青と呼んでいましたので、今でも緑色の信号のことを「青信号」といったり、「となりの芝生は青い」、「草が青々としている」というように緑の意味で使われている名残りが残っています。熟している赤の反対語として、若さや未熟さを表す言葉ともなっており、「青二才」、「青年」というような言い方をします。

黒は、「クラし（暗し）」、「クレる（暮れる）」からきています。赤と対をなす言葉だということが分かります。この4色においては、赤と黒が明暗をあらわし、白と青が、白がはっきりしたさま、青がぼんやりしたさまをあらわします。現在とは赤と白の意味合いが反転しているようです。

黒は闇をあらわすため、罪や悪を示す言葉に使われます。黒幕やブラックリストなどがそれにあたります。

黄色は、「キ（生）」、「キ（木）」、「キン（金）」、「キ（葱）」あたりが語源のようです。染色していないまっさらな生成りや、木の色、金色の総称なのでしょう。一文字なので「色」をつけて「黄色」と呼ばれます。

中国では古来から黄色が珍重されてきたといいますが、「黄色い声」という言い回しの語源にも、中国でいわれていた色と音の関係性が背景にあるのだそうです。キンキンと高い黄色い声と、明度が高くてまぶしい黄色はぴったりな気がします。

緑は「ミズみずしい」、「メヅル（芽出る）」などからきています。植物の様子からきている言葉のようです。ちなみに英語のｇｒｅｅｎは、ｇｒｏｗ（育つ）やｇｒａｓｓ（植物）が由来だそうで、緑と植物は切っても切れない関係のようです。「みどりの黒髪」や「みどり児」という言葉からも、「緑」が色をあらわすだけでなく、みずみずしくフレッシュな状態をあらわす言葉であることが感じられます。

紫は、「ムレさき（群れ咲き）」、「ムラさき（色がムラになって咲いている）」など、植物のムラサキをあらわしている語源説が多いです。このムラサキという植物は花の色は白いのですが、根を使って紫色に染めることができます。

英語のｐｕｒｐｌｅは、プルプラ貝という貝が紫色の染料になったことが語源となっているようです。ひとつの貝から採取できる染料となる分泌液は非常に僅かであったため、紫色の衣服は大変貴重で、高位な人にのみ着用を許されていたようです。日本においても聖徳太子が制定した冠位十二階で一番上の位色は紫です。

醤油のことを「むらさき」といいますが、宮中で働く女房たちが使っていた隠語のような女房言葉のひとつで、茶褐色の色のことをも当時は紫と呼んでいたようです。

茶色は、お茶を使って染めていた色から来ているようです。昔は緑色がかったものも「茶色」と呼ぶ風習もあったようです。昔は「茶色」といっても、緑っぽいものから、海老茶のような赤みがかったような色まで幅広く呼んでいたのですね。

ちなみに江戸時代には、庶民が華美な服装をしてはいけない「奢侈禁止令」が発令されて、それに反応した庶民たちが「派手は野暮、地味が粋」と茶色やねずみ色を好んできたことがあったそうです。四十八茶百鼠《しじゅうはっちゃひゃくねず》という言葉が残っていますが、璃寛茶《りかんちゃ》、路考茶《ろこうちゃ》、団十郎茶といった歌舞伎役者の名前を冠して、茶色の微妙な違いを楽しんだそうです。

ピンクという言葉は外来語で、同様の色のことを日本では「なでしこ」、「桃色」というような花の名前であらわします。

ピンクという言葉じたいも、花に由来しています。なでしこの花弁がギザギザしていて、ちょうどピンキングばさみで切ったかのように見えるので「ピンク」と呼ばれているのだそうです。

日本では性的な表現で使われることもしばしばあって、「ピンク映画」「ピンクちらし」というように言われます。欧米では同様の映画のことを「ブルームービー」といいます。国によって色の印象が異なる例ですね。

これらのように、色は言語としての由来があり、また、言語として意味合いをもち、日常生活で使われています。普段の会話や表現に色を盛り込むことによって、さらに豊かなコミュニケーションができるかもしれませんね。

色は感覚

色は目から入ってくる知覚刺激ですので、私たちの感覚のうち、視覚を刺激するものです。色は目から入ったあと、心理的効果をもたらします。

実際にはそうではないのに、色によって暖かくみえたり、冷たくみえたり。大きくみえたり、小さくみえたり。色は実寸で計れない心理物理的体験であるため、人によって違ったり、条件によって異なってみえることがあります。

ではは具体的に、色にはどのような心理的効果があるのでしょうか。

【暖色、寒色】

色によって暖かく感じたり、冷たく感じたりします。

具体的には赤、オレンジ、黄（またはそれらのトーンが変化した茶色やピンクなども）が暖色と呼ばれ、暖かく感じられます。青、青緑、青紫（またはそれらのトーンが変化した水色、紺、ラベンダーなども）は寒色と呼ばれ、冷たく、寒く感じられます。

もし部屋のインテリアが暖色で統一されている部屋と、寒色で統一されている部屋とでは、その中で過ごしている人が感じる体感温度は2～3度違うそうです。温度計で計ったら同じ温度の2部屋だとしても、体感温度に違いが出るのです。

このことを利用して、節約生活をすることができます。カーテンやクッションや小物などを、暑い時季はターコイズブルーやスカイブルーなどの寒色にし、寒い季節になったら同じくカーテンやクッションや小物をまるごと暖色のカラシ色やエンジ色などに取り替えるのです。夏は涼しく、冬は暖かく感じられるため、エアコンの温度調節をしたい気持ちにならなくなるので、大変節約できます。実際の温度よりも「どう感じるか」にポイントをおいたのが色による節約生活です。

水道の蛇口も、水は青、お湯は赤などと暖色、寒色はいろいろなところで象徴的に用いられています。

また無彩色においては一般に、白が寒色といわれ、夏のブラウスや日傘などによく好まれて使われます。さわやかな白が涼感を誘います。逆に冬場は黒のコートやブーツがしっかりと防寒できそうな暖色として好まれています。白は太陽光からもらった熱を反射し、黒は光だけでなく熱も吸収することから、このように感じられるのではないかといわれています。

【進出、後退】

色によってこちらへ飛び出しているように見えたり、あちらに引っ込んで見えたりします。一般に、暖色は進出して見え、寒色は後退して見えます。

車の色にたとえてみると、自分の前を走っている車の色が、赤い車なのか青い車なのかによって、後ろのドライバーが感じる前の車との車間距離は7メートル違うという実験結果もあるようです。これも実際の距離とは違い、「体感距離」です。色によってそう感じるのです。

ということは、色によって距離感のコントロールをすることができるということになります。狭い部屋を広く見せるために、奥の壁だけを寒色系にすることで奥行きが感じられるようにしたり、建て増しを繰り返して客室からお風呂までの廊下が長くなってしまった旅館などでは、正面の奥の棚にオレンジ色のタペストリーを飾るなどして廊下を短く感じさせることもできるでしょう。

この距離感のコントロールは「アピール度合い」の印象を操作することにもつながります。

飲食店や店舗の看板に暖色が多いのは、「目立ちたい」、「飛び出して見えるように自己主張したい」という、進出色のもつアピール力にあやかったものです。逆に、紺の暖簾のお店などは奥まって落ち着いた風情に感じられます。

人物の服装も同じように、赤やオレンジのネクタイをつけた人物は積極的で前に乗り出してアピールしているように感じられ、水色や紺のネクタイであれば消極的で謙虚で一歩下がった人物のような印象をもたれるものです。

【軟らかい、硬い】

色によってその物の質感が、軟らかいように見えたり、硬いように見えたりします。

軟らかい印象と硬い印象は、その色の明度が影響します。白をはじめ、淡いピンクや水色、クリーム色などのような明るい色は軟らかい印象になり、黒をはじめ、紺やワインレッド、チョコレート色などのような暗い色は硬い印象になります。

「やわらかさ」を表現したいバスタオルや赤ちゃんの肌着、コットンやマシュマロなどには明るい色が使われています。「かたさ」を表現したい鉄製のものや、機械や踏み台、スーパーハードのヘアスプレーなどは暗い色が使われています。

触ってもいないのに、色によって「触感」が伝わるのです。

【膨張、収縮】

色によって大きく膨張して見えたり、小さく収縮して見えたりします。

膨張と収縮も、その色の明度が影響します。白のような淡い色は膨張して見え、黒のような暗い色は収縮して見えます。

「黒い服は痩せて見えるから」と、スタイルを気にする女性が黒を愛好したりするように、黒は痩せて見える、白は太って見えるという定説がありますので、膨張・収縮については経験的によくご存知の方も多いかもしれません。

もしご自宅に碁石があったら、ぜひ白と黒を見比べてみてください。碁石は白が直径21・9㎜、黒は直径22・2㎜と、白のほうが少し小さくつくられています。このぐらいの比率で白と黒は大きさが違って見えるのですね。

また、フランス国旗のトリコロールも色の膨張・収縮に考慮して面積を変えています。

フランス国旗は左から順に青、白、赤と3等分ずつ配色されたデザインですが、実は正確には3等分ではないのです。正確な3等分であれば、それぞれが0.33ずつの比率でなければなりませんが、青が0.37と、白が0.3、赤が0.33という比率になっています。これでちょうど均衡がとれて見えるのです。

【軽い、重い】

色によってそのものが軽く見えたり、重く見えたりします。

軽重感にも明度が関係し、白っぽい色のものは軽く感じられ、黒っぽい色のものは重く感じられます。

金庫は暗い色のもののほうが売れるそうです。黒をはじめ、紺やワインレッドなどが人気だそうです。確かにパステルカラーの金庫では軽々と持っていかれてしまいそうな感じがします。

工場などでは運搬に使う箱は作業員の疲労を軽減させるために白っぽいものが使われているようです。引越し屋さんのダンボールにも白いものが多いですね。

重い、軽いというのは「あの人はなんだか軽い感じがする」、「重々しい雰囲気だ」というように、人物や場などの形容詞として使うこともあります。

フォーマルな場に黒が多用されるのは、「重々しさ」の表現なのかもしれません。

また、淡いベージュなどの白っぽいスーツや、白いパンツなどを着ると印象に「軽快さ」が生まれます。

一般に、上半身に白、下半身に黒という服装をするとドレッシーで落ち着いてみえ、逆に上半身に黒、下半身に白というように重いものが上、軽いものが下になると印象に動きが出てカジュアルでアクティブな感じにみえます。

このことをインテリアに使うこともできます。

通常、床が一番暗く、壁、天井の順に明度をあげていくと落ち着くインテリアになるといわれています。人間にとっては足の下に重いものがしっかりとあって安定感があり、頭上の天井は軽い白が使われていると開放感があるからです。

店舗などの商業空間においては、バーなどで天井をわざと黒くして非日常性を演出したり、百貨店の1階やコンビニなどでは真っ白な床にすることで消費者の活動意欲を高めるような、住空間とは逆の考え方が採用されていることもあります。

【派手、地味】

色によって派手に見えたり、地味に見えたりします。

派手・地味の感覚には、その色の彩度が関係します。彩度というのは鮮やかさの度合いのことをいうので、ビビッドな真っ赤や真っ青、ショッキングピンクや真っ黄色などは派手に見え、無彩色（白、灰色、黒）に近い、灰みがかったブルーグレーやローズグレー、白に近い生成り色や黒に近い濃紺などは地味に感じられます。

派手な色は自己主張が強く感じられます。派手な色を着ている人物は注目を浴びたい、アピールをしたい、と思っているように見えます。店舗の看板なども派手なものが多く、特に商業地域や郊外の国道沿いなどには派手な色彩が氾濫しています。

地味な色は自己主張が弱く感じられます。地味な色を着ていると大人しく従順に見えたり、周囲に溶け込んで目立ちたくない、と思っているように感じられます。サラリーマンが社会に従属する心理を地味なスーツの色で表現していたり、市役所や図書館などの公的な機関の建築物は、地味な色彩の外壁で周囲に調和していたりします。

【興奮、沈静】

色によって、見ている人を興奮させたり、沈静させたりします。

暖色系（赤、オレンジ、黄）で高彩度の色が興奮色で、寒色系（青、青緑、青紫）で低彩度の色が沈静色です。

消費者に消費行動を起こさせたいために、店舗や商品、ポップやポスターなどには赤や黄色などの興奮色がよく使われています。興奮色が氾濫している商業空間はにぎやかで、見ている人たちの気持ちを高揚させ、アップテンポな音楽などとも相まって、人々は買い物したい欲求にかられます。

また、図書館やビジネスシーンなど、人々に静かに落ち着いて行動して欲しい場所には、ソフトなブルーやミントグリーンなど沈静色が使われています。沈静色があると、その場にいる人々は気持ちが落ち着いて冷静になる効果を受けます。

交通標識などにおいても、危険や注意を知らせる看板には興奮色が使われ、指示や案内板などには沈静色が使われています。

第二章

色のふるまい

ファッションと色

何色を着ているかでその人の印象が決まることがあります。

職人の黒い服が、プロフェッショナルでストイックな印象をつくることがあります。淡いピンクのワンピースがその人を愛らしく女性らしく見せたりします。赤いジャージをいつも着ている学校の先生が熱血教師のイメージをもたれたりするでしょう。でも実際にはじっくりつきあってみないと人の本性はわからないことがあります。なのに、ぱっと見た印象は、まるでその人物が本当にそういうキャラクターであるかのように周りの人に認識され、実際にはそうでなくても周りがそのように思い込んでしまうことがあります。

このように着ている服の色と本人の性格にギャップがあると、周りの人は「えっ！本当は違うんだ！」と驚きを感じることになります。また、見た目だけで判断してしまった結果、そのような性格だと自然に思い込んでしまい、その印象イコール人格のように思われてつきあっているケースも多々あります。

このことを活用して自分の第一印象を操作することが可能です。

初めて会ったときに着ていた服の色が、その人の第一印象に与える影響が大きいからです。

第一印象では、とても短い時間で、その人の印象が決まってしまいます。諸説ありますが、ほんの6秒ほどだといわれています。要は、あっという間に相手は印象を受け取って「この人はこういう人物だ」と認識してしまう、ということです。

人は外界から情報をキャッチするときに五感を使いますが、その割合は、視覚情報が87％、聴覚7％、嗅覚3％、触覚2％、味覚1％だといわれています。ほぼ9割を占めているのは「見た目」。この見た目には、「ふるまい」、「表情」、「服装」などが含まれていますが、何色の服を着ているかということもとても大きな情報です。

私たちも知らず知らずのうちに、相手の着ている服の色を見て、その人物を判断しているのです。

このことを戦略的に用いることが可能です。

アメリカの大統領はカラーコンサルタントの助言により、選挙、外交、地域住民との対話などのさまざまなシーンにおいて、適切なネクタイの色を決めているといいます。

TVの中の芸能人のファッションを見ていても、「ああ、こういうイメージで売り出したいんだな」ということがその服の色彩から伝わってきます。

もし皆さんがTVのコマーシャルを作るお仕事をしている人だとします。製薬会社から、風邪薬のコマーシャルを作ってほしいといわれました。風邪薬は常備薬ですから、主婦の方々に訴えようと昼間の時間帯に多く流すようにして、コマーシャルの主役も主婦にしました。まず画面に具合が悪そうなママが出てきます……、「ママ、風邪ひいたみたい」、横で子供が「ママ、大丈夫～？」、そこでこのお薬を飲むと……、翌朝、晴れ渡った青空の下、外の花壇でチューリップに元気に水をやるママ、はつらつとした笑顔で「いってらっしゃーい！」。15秒のコマーシャルの出来上がりです。

さて、このようなTVコマーシャルの場合、短時間で視覚的に薬の効能を表現することが必要です。そこで、前半の具合が悪いママのシーンは、室内のちょっと薄暗い感じの場所で撮影、後半の翌朝の元気なママのシーンは快晴の外での撮影、とめりはりをつけることになるでしょう。それだけではありません。きっとママのヘアメイクや服の色も、前半と後半とでは変化させるのではないでしょうか。具合が悪そうに見せたいときのママの衣装はどんな色が良いでしょうか？　そして翌朝元気になったママの衣装には何色がふさわしいでしょうか……。このように考えるだけでも服の色が人に与える印象の大きさをご理解いただけるのではないかと思います。

服の色をうまく使った素敵なニューヨーク在住の女性の話を聞いたことがあります。その女性は40代、ご主人と二人暮らしです。バリバリのキャリアウーマンで、銀行の支店長クラスのお仕事をしています。その女性は、昼間はロイヤルブルーのスーツを着てビジネスアワーを全うし、いつもご主人のほうが遅くかえって来るそうなのですが、帰宅すると急いでスーツを脱いでソフトトーンの優しい中間色のワンピースに着替え、やわらかい表情になったうえでご主人のお帰りを待つのだそうです。

なんてセルフマネジメントに長けた方なんだろう！　と感動しました。服の色を着替えることで自分の気分も着替えることができるのです。この話を聞いて以来、私も真似をしています。努力や根性で気分の切り替えをするのはとても難しいときがありますが、着替えるだけで簡単に気分をスイッチすることができてとてもおすすめな方法です。

服の色は自分の気分だけでなく、周りからの印象効果をともないます。この場面ではこのような役に徹したいのでこう見られたい、この場所では自分がこのようにリラックスしていることを表現したい……などなど、服の色はコミュニケーションの道具にもなるものです。

「どう見られたいか」、ということと、「この服の色はどう見えるか」という2点を考えていただくと、自分が見られたいイメージと着ている服のイメージを一致させることができます。

代表的な服の色が他者へ与えるイメージをお伝えいたします。

●赤の服を着ている人

主人公、リーダー、熱血、やる気がある、パワフル、強気、積極的、スポーツ万能、革新的、闘争心がある、生命力がある、本気、決心。

●オレンジの服を着ている人

世話人、盛り上げ役、宴会部長、アクティブ、話しかけやすい、スポーツ万能、楽しそう、人が好き、遊びが好き。

●黄色の服を着ている人

頭脳明晰、物知り、参謀、アイドル、コメディアン、話題の中心人物、話がうまい、頭脳労働者、数字に強そう、自信家。

●緑の服を着ている人

平和主義、おだやか、優しい、気が弱い、気遣い、自然派、中立、癒し系、自分の意見を言わない、仲間を大切にする。

●青の服を着ている人

冷静、沈着、クール、平静、冷酷、物静か、思慮深い、人見知り、テンションが低い、おとなしい、謙虚、真面目、きちんとしている。

●藍色の服を着ている人

真面目、仕事中、学生、リクルートスーツ、礼儀、謙虚、公の場だと思っている、自分を出さない。

●紫の服を着ている人

ミステリアス、セクシー、大人っぽい、スピリチュアル、芸術家、センスがよさそう、個性的、変わり者、少数派。

●ピンクの服を着ている人

少女、女性、優しい、愛、思いやり、甘えっ子、愛されたい、さびしがりや、依存心がありそう。

●白の服を着ている人

礼儀、清楚、清潔、天使、無垢、拒絶、緊張、完璧、きちんとしている、部屋がキレイそう、几帳面。

●黒の服を着ている人

とっつきづらい、閉鎖的、プロフェッショナル、本物、修行、職人、自分を出さない、鎧をかぶっている。

●茶系の服を着ている人

（ベージュ、生成り）柔らかい、優しい、ナチュラル、リラックス、自然派、おだやか。

（茶色、焦げ茶）保守的、伝統的、本物志向、名家、老舗、自然、癒し、安心。

●グレーの服を着ている人

仕事に従事している、目立ちたくない、ストイック、抑制的、スマート、粋、大人しい、無関心、無感動、繊細。

実際にはこれに素材感やデザインやテイストなども加わりますが、色だけでもこんなに印象が異なるのです！

「本当はこうなのに誰も分かってくれない」、「どうも自分は外見と中身にギャップがあるようでみんなの期待に応えるのが大変」というように、他者からのイメージと実際の自分とのことで悩むのであれば、「服の色を変える」という選択肢もあることに気づいていただければと思います。

その服の色を着ることで、人は「その気になる」こともできるのです！

いつも着ていればその色がその人のキャラクターになることだってあるのです！

もし私が皆さんの家にお邪魔して、クローゼットをのぞかせていただいたら、私は皆さんがご自身についてどんなセルフイメージをもっているかが一目瞭然で分かります。

お洋服屋さんにはたくさんの色の服が売っているにもかかわらず、いつのまにか自分の服の色にはお決まりのパターンができてくるのです。

これを壊して、これまでの人生でまったく着たことのない服を着ることによって、頑固だったセルフイメージを変化させることができるのです！

たとえば、似合う色のアドバイスやイメージコンサルティングのアドバイスを受けたあと、劇的に変わる方もいれば、一瞬変わってもすぐまた元に戻る方がいます。

その方の脳内の「セルフイメージ」の問題です。

脳内の「セルフイメージ」のままあり続けようとするため、新しい自分が、たとえより良いものであってももともとの「セルフイメージ」のままあり続けようとする作用のほうが強く元に戻るわけです。

そのためには「セルフイメージ」のほうを一新することが必要です。

「もっと良い自分」、「変わってステキになった自分」へシフトすることが必要です。

脳のなかの「セルフイメージ」を新しくするためには、まだ現実にその姿になっていなくても、「その気になる」ことが先決です。

「その気になる」と、表情が変わり、雰囲気が変わり、オーラが変わり、姿はあとからついてくるのです。

よく「見た目から入る」といったりしますが、脳内で固まってしまった「セルフイメージ」を再構築するのは大変でも、服を着替えるのは簡単です。

自分の見た目に良い変化をさせ、その気になることによって、「新しい自分」を再構築しやすくなるのです。

よく、服の色が変わった方が、彼氏ができたり、営業成績が上がったり、華麗なる転職をしたり、起業したり、新しい自分を誕生させています。

脳内の新しいステキな外見の自分の副産物として、「こんなにキレイなんだから彼氏ができて当たり前」とか、「こんなにかっこよくなっちゃって、仕事もうまくいきそうだな！」というような認識（肯定的錯覚）があっさり生まれたことによるのだと思います。「その気になる」ということの力は莫大です！

食べ物と色

私たちは目でも食事をしています。食べ物と色。とっても密接な関係にあります。

古代から「人間の体は色からできている」といって、7色が含まれている太陽光を浴びたり、いろんな色のものを食べたりすることで人は元気になると言われていました。

その食べ物の色が、その食べ物の性質をあらわしています。

飲み物もそうです。癒しをくれる緑茶、心まですっきりしそうなミネラルウォーター、気持ちが華やぐ赤ワイン……。

忙しいときは、慌ただしく食事をすることが多いかもしれませんが、チャップリンが必ず食卓に花を飾ったように、食事を味わうことで自分の人生の文化レベルを高め、精神性を高めることができます。

今日のお食事はぜひ色を味わってみてください。

タマゴ料理を食べるときは、「ああ、黄色を味わっているな♪」

緑茶を飲みながら、「緑がたっぷり摂取できたな！」

この意識をもって食卓に向かうだけで、ポパイがほうれん草を食べたときのように、ぐんぐん栄養や元気や勇気が食べたものから自分にもらえるようになるのです。

味気ない食卓よりも、五感で味わいまくりの食卓のほうが、何倍も元気になれます！

野菜や果物のカラフルな色彩は、「こんな仕事をしてあげるよ！」というメッセージです。欲しい色の食材を食べるようにすれば、体が欲しているものをもらえるわけです。

簡単に、どの色にどんな役割があるかをお伝えします。

●**赤**（トマトのリコピンなど）
抗酸化パワーで美肌に。しみ、そばかすを抑え、透明感が出ます。

●**黄色**（かぼちゃやとうもろこしのルテインなど）
目や鼻の粘膜を強くして風邪をひきづらい元気なカラダに。乾燥肌にもおすすめ。

●**緑**（ほうれん草、ブロッコリーのクロロフィルなど）
体中に酸素を行き渡らせ疲労回復。貧血防止にも。

●**紫**（なすやブルーベリーのアントシアニンなど）
目によいのは有名ですが、カラダがサビるのを防ぐアンチエイジング力も。

●白（白菜やいものカリウムなど）

塩分を排出してくれるデトックス効果があります。むくみすっきり。

やっぱり色はすごいです。どれも、食べた後カラダの中で働いてくれるのです。私たちは、ただ「彩り豊かな食卓」を楽しんでいればいいだけ。家でも外食でも彩り豊かなメニューを味わうようにしましょう。いろいろな色のものを食べましょう！いろいろな色のものを食べることで、心もヘルシーになるのです！

月に20日以上ホテル住まいの私も、食べるものが外食中心になりがちなのでなるべくカラフルな野菜や果物を食べるようにしています。特に出張中は果物が口に入りづらいので、果物ナイフと果物はいつもキャリーバッグの中に入っています。

果物といえばファイトケミカル！

ファイトケミカルは何千年もの間、人類にとっての薬として親しまれてきました。ファイト＝植物、ケミカル＝化学物質であり、ファイトケミカルは色や香りをもった果物中の物質のことをさします。たとえばアントシアニン、リコピン、カロテンなどです。

ときどきどなたかとホテルのバイキングをご一緒することがありますが、こんもり盛られた私のお皿を見て、皆さん「きゃー！　色とりどりですね」とおっしゃいます。私は「色」でバイキングのお料理を選んでいるからです。

特に果物や野菜は、彩り豊かな食材です。朝の果物は金、といわれていますので、朝食バイキングをいただきにレストランへ降りていかない朝も、ホテルの部屋でせっせとリンゴなどを剝いていることが多いです。

ブルーベリーのアントシアニンや、トマトのリコピン、レモンのリモネンなどがファイトケミカルです。

ファイトケミカルは、ビタミン、ミネラル、脂質、糖質、たんぱく質、食物繊維につぐ、第7栄養素といわれていて、主に老化の原因となる「活性酸素」を除去してくれたり、白血球を増やして免疫力のあるカラダにしてくれたり、アレルギー対策になったりします。いろんな方に「麻子先生、いつも元気ですね。秘訣は何ですか？」と聞かれます。「カラーの神様のおかげです」といつもワンパターンに答えていますが、たとえば果物もカラーの神様からの恵みです。いろんな色のものを食べると健康です。色や香りを味わいながら、自然界からエネルギーをたっぷりもらって、ピカピカな人になってください！

また、食べもののパッケージと色の関係もおもしろいものです。コンビニやスーパーへ行くと、調味料やお菓子などのパッケージの色を見るだけで、どんな味をしているのかが分かります。いろいろな味のものを食べることも大切であり、古来から五味五色と言われています。甘い、酸っぱい、辛い、苦い、塩辛い、に色も、【白、黄、赤、青、黒】があります。

私たち日本人はあいまいな中間色の見分けに長けていますので、微妙な色あいを見ただけで、そのパッケージの商品がどんな味なのかがわかる感性をもっています。たとえば先ほどの五味は、茶色だけでもそれぞれありそうです。

【甘い】↓ビスケットやシュークリームなど。
【酸っぱい】↓柚子味噌やポン酢ジュレなど。
【辛い】↓カレーや麻婆豆腐など。

【苦い】→コーヒーや紅茶、チョコレートなど。
【塩辛い】→醤油ベースの炒め物やおそばやうどんのつゆなど。

こうみると、「茶色ってすごいなあ」と感じます。よく似た色なのに五味をあらわせるなんて！　四十八茶百鼠という言葉があったくらい、日本人にはさまざまな茶色が「みえて」います。すべて引っくるめて「茶色！」という文化ではないのです。細かく茶色を識別できる知識と感覚を、日本人はもっているのです！

ぜひスーパーやコンビニの商品のパッケージを見て、甘い茶色、苦い茶色などを探してみてください。茶色の表現力の豊かさにきっと驚くことと思います。

飲み物と色

飲み物の色も心理的に影響を与えます。それぞれの色の飲み物にはどんな意味や効果があるのでしょうか。

まずは、赤い飲み物。いまこの原稿は、ローズヒップティを飲みながら書いています。私はハーブティの中ではダントツにローズヒップが大好きで、いつも飲んでいます。今、パソコンの横にあるマグカップの中には真っ赤な液体が入っています。ローズヒップティは「ビタミンCの爆弾」ともいわれ、コラーゲンの生成を助け、鉄分やカルシウムも豊富です♪ 風邪も防止します！ 元気でいるための必須ドリンクとしてごくごく飲んでいます。

それから赤い飲み物といったら、アセロラドリンク。アセロラドリンクにもレモンの34倍のビタミンCが含まれているらしいです！

トマトジュースも赤いですね。トマトジュースはリコピンの宝庫だそうです。

実はこれらの赤いドリンクの効果の共通点は「美白」。赤い飲み物には、日焼けしたお肌を白くしてくれる成分が入っているのです。(もちろん日焼けを元に戻す程度、という意味です)

もちろんメンタル面にも効果があります。赤い色が、みなぎる元気とパワーもくれそうですね！ 食前に飲むことで赤が交感神経を刺激し、新陳代謝をよくし、ダイエット効果も期待できるかもしれません。赤い飲み物でお肌をキレイに、そして元気になりましょう！

続いて黄色い飲み物です。

何が思い浮かびますか？　柑橘系のジュースは黄色系ですね。

グレープフルーツは、飲んでも香りを嗅いでもダイエット効果があるというのがうれしいです。肝臓に脂肪がたまりづらい成分が入っていたり、香りを嗅ぐことでもリモネンが鼻腔から脳へ交感神経のスイッチをオンにする信号を出し、血行がよくなり体を元気に活発にします。カリウムが水分の排出をしてくれますし、食物繊維もたっぷりです。

レモンジュースも黄色です。レモンに含まれるポリフェノールにはアンチエイジング効果があります。美白やシミにも効果的で、朝にレモン水を飲むというダイエットもあるようです。レモンにも脂肪吸収を抑えてくれる役割があるのです。

これら柑橘系の飲み物に共通しているのは酸味。つまりクエン酸です。クエン酸は、体にたまった疲労物質乳酸を分解してくれるので、疲れたときに酸っぱいものが欲しくなるのですね。疲れをとってくれるハッピーカラーのイエロードリンクなのです。

黄色いドリンクで、心も体もすっきり爽やかになることができそうです！　黄色橙色系は、心と体を前向きに回復に向かわせようとします。


次は緑の飲み物です。

緑色のドリンクといえば青汁！　私もお世話になっています。空港のラウンジではいつも青汁をいただきます。青汁は食物繊維が豊富です。血液をサラサラにしてくれたり、ナチュラルキラー細胞を増やしてくれたりするそうです。緑色は癒し系キャラクターにみえて、実は悪いものを撃退してくれているのですね。

それから緑といったら緑茶！　世界に誇るべき日本のグリーンドリンクです！緑茶に含まれるカテキンは、ガンを予防する力があるとか。緑茶を飲んで楽しく笑って暮らしていたら健康だということを、古来から日本人は知っていたのかもしれません。

そのほか緑茶は、高血圧や殺菌にも効く万能ドリンク。コーヒーや紅茶もおいしいですが、我が国古来の緑茶文化のすごさを自分の体で味わいたいですね。

ということで緑色の飲み物は「体の調子を整える」ディリードリンクという感じです。継続的に飲むことによって健康を維持できそうです。心理的にも緑色は人の気持ちを落ち着かせ、リラックスさせることができます。グリーンドリンクで平静な自分になれます！

食器と色

食事をするときの食卓周辺の色彩はとても大切です。

食材の色はもちろんのこと、盛り付けをする器の色や、テーブルクロスやランチョンマットなど、食事のときに視界に入る色彩は、食欲や美味しさに影響を与えます。

一般的に、食欲を高める色は暖色系といわれています。

赤、オレンジ、黄色、ピーチ、コーラルピンク、ベージュ、茶色などが暖色です。

これらは食卓を暖かい雰囲気にするだけでなく、見ることで食欲がアップするのです。

逆に、スカイブルー、水色、紺、ラベンダー、ターコイズなどの青系の寒色は、食卓を寒々しい雰囲気にしてしまい、食欲を減退させます。世界中に「青い食べ物」というものがほとんどないことから、「青」＝食べるものではない、という認識がなされ、生理的にも影響して、食卓に青があると食欲が減退するのです。

ですが、青はとても人気のある色なので、いろいろなところによく使われているのを見かけますが、食卓にも時々使われていることがあります。飲食店などでは、お客様の食欲に影響が出ている可能性があります。暖色に変更すると食欲が増して客単価があがるかもしれません。

お皿の色は、白や黒に近い色がよいと思います。白といっても、アイボリーや生成りなど、うすいベージュのような色まで含んでもよいでしょうし、黒も、深い焦げ茶などもいいかと思います。あまりに鮮やかすぎるお皿は上に乗っている食材の色を引き立てることができません。彩度（鮮やかさ）が低いものをおすすめいたします。

色の見え方のひとつに「明度対比」というのがあります。明るい色の上に暗いものを乗せるとより暗く見え、暗いものに明るいものを乗せるとより明るく見えるというものです。また、「彩度対比」という見え方もあります。鮮やかな色の上の地味な色のものはより地味に見え、地味な色の上の鮮やかな色はより鮮やかに見える、というものです。

うすい黄色の卵豆腐を、よりおいしく見せるために、黒い器に盛るといいかもしれません。焦げ茶色のビーフステーキをおいしそうに見せるために、白いお皿に盛りつけるとよいかもしれません。

よく野菜や果物の売り場では、黒や白の器の上に野菜や果物を並べています。あれは、色味のついた器に入れるよりも、背景色として黒や白があるほうが、明度対比や色相対比が起こることを計算して野菜や果物がよりカラフルにおいしそうに見せているのです。

お皿には素材感もあります。焼き物のようなほっこりした暖かい表情のもの、光沢のある硬くてかっこいいクールなもの。食卓の上のお皿は素材感を統一すると、テーブルコーディネートがしやすいです。また、器に合わせてテーブルクロスやランチョンマットもテイストが調和するようにしたいものです。

和食で煮物や焼き魚に焼酎を飲むようなときには、茶系のざっくり織ったテーブルセンターに、木の箸や箸置き。食器類はどっしりしていてほっこり暖かい焼き物が調和するでしょう。色味としては全体的に茶系を中心とした自然な素材色のコーディネートがおすすめです。

また、たとえば同じ和食でもジャパニーズモダンでクールな表情にするのなら、真っ白いテーブルクロスに黒のランチョンマット、シルバーの箸や小物、食器も光沢のある白い陶器やガラス製のもので揃えるとシンプルで都会的な食卓になるでしょう。アクセントカラーに赤い季節の花や箸置きなどを使うとよりコントラスト感が出てモダンな表情になります。

季節感を表現するのも食器の面白さですね。寒い時期は暖かい色を、暑い時期は涼しげな配色をすることで食卓に向かう人の気分を色彩で良くすることが可能です。

文房具と色

文房具売り場はとてもカラフルで色が大活躍しています。

私は電卓は青いものを使っています。電卓を使うときというのは、ミスを避けたい冷静で落ち着いた自分でいたいとき。青の鎮静効果を使って、電卓を使うときは冷静な自分になれるようにしています。マウスパッドはピンクを使っています。ノートパソコンもピンク、手帳もピンクです。大好きな色なので、これらが仕事机の上にあるだけでピンクの世界ができあがったようになって、幸せな気持ちになります。見ているだけでわくわくする大好きな色なので、仕事机に座るとわくわくできる、という状態にいつも自分をもっていくことができます。仕事中に使うマグカップはグリーンにしています。フルーツやクッキーなどお仕事中の間食をするときはベージュのお皿に盛りつけします。グリーンやベージュにはリラックス効果があるので、ちょっと休憩するときにぴったりなのです。

ノートを買うときは、ページを開いて罫線がグレーのものを選びます。罫線の色が黒や紺などの濃い色だと、ノートのページを見ながら目が疲れてしまうからです。

勉強するときの蛍光ペンは黄色を使っています。よく、受験生をおもちのお母様に「受験に受かる色は何色ですか？」と聞かれることがあります。「そんな特別な色はありませんよ！　いろんな色が必要です！」とお答えするのですが、何かずばり一色！　というときには、「蛍光マーカーは黄色がいいかもしれませんね」とお伝えします。というのは、黄色は集中力をアップし、脳へ刺激を与える色だからです。蛍光ペンを引くときは、その言葉が重要語で、記憶したり理解したりしながら線を引いていけたらいい勉強になります。もし、蛍光ペンが青だったら、青は副交感神経を刺激し、眠りを誘う色なので、勉強しながら眠くなってしまうかもしれません。また、青は人を几帳面にする色でもあるので、「まっすぐ線を引く」、「きれいにノートを書く」というモードになってしまうかもしれません。ピンクや赤、オレンジなどの暖色系は興奮色なのでモチベーションがあがってよいかもしれませんが、ずっと見続けていると立ち上がって行動したくなったり、お腹が空いてきたりしそうです。黄色は脳に刺激を与えながら勉強できるので最適です。

ボールペンやシャープペンの色は、手帳との配色を考えるのも楽しいです。以前、年度途中なのに秋頃に急に手帳を買い替えたくなって10月始まりの手帳を買ったことがあります。そのときの手帳は焦げ茶色、ボールペンはスカイブルーでした。秋深くなって、焦げ茶色の枯葉のじゅうたんの合間に水たまりがあって、その水たまりに鮮やかな青空が映っている風景を見たときに、その配色に心を奪われて、「この配色を持ち歩きたい！」と思って、手帳の焦げ茶とボールペンのスカイブルーでそれを表現してみたのです。数ヵ月間このセットを持ち歩きましたが、とってもこの配色を楽しむことができました。最近は平安時代の十二単の配色にピンクとラベンダーの配色を見つけて、その配色のかわいらしさがあまりに気に入ったのでピンクの手帳にラベンダー色のシャープペンを差して使っています。

ファイルの色はジャンル別に分けて管理するととても便利です。

もし、総務課の方だったら、「人事」も「経理」も「業務」も「企画」も兼務するようなこともあるでしょう。いろいろなジャンルのいろいろな情報の書類が山積みとなり、効率的にお仕事するのが大変な状態になっていくかもしれません。

そのときに「色の識別性」という性質を使うのです。色はぱっと見分けがつきやすい、という性質をもちます。折れ線グラフだったら、2種類の折れ線を点線と実線で書き分けるよりも、赤と青で書き分けたほうが一目瞭然で見やすいです。東京の地下鉄の路線図などはかなり複雑なものですが、色の識別性を利用して分かりやすくなっています。この識別性をファイル分けに応用します。

たとえば「人事」は緑、「経理」は青、「業務」は赤、「企画」はオレンジというように色別にするのです。そうするとファイルの棚から経理に関するファイルを探し出したいときは、「青」という色を探せばよいのですぐに見つかり効率的です。

ついでに、人事関係に使うクリアファイルやポストイット、クリップなども青で統一すると、「これは人事の案件の書類だ」とすぐ認識できて頭の中も机の上もすっきりします。仕事中に物を探す時間が激減しますよ！

ホチキスや鉛筆削り、クリーナーやクリップホルダーなどの卓上小物はクリア感のあるカラフルなスケルトンカラーのものがたくさん出ています。色を統一するのもきれいですが、カラフルにいろいろな色にチャレンジしてみると机の上や引き出しの中に楽しさが生まれます。通常多色配色というのは難しいものですが、文房具はわりとやりやすい分野です。特に、樹脂製のスケルトンカラーなど、素材感が統一されていれば色がバラバラでも統一感が出ます。逆に、ナチュラルな木製の文房具や、シャープなスチール製の文房具や、ポップなキャラクターもののプラスチックの文房具など、ジャンルが異なるデザインテーマや素材感のものがごちゃっとあるほうが、統一感がないように見えてしまうこともあります。

机の上のカラーコーディネートをするときは、筆立て、セロテープ台、といった、「いつもそこにどっしりとある動かないもの」には、飽きない落ち着いた色を選び、それ以外のペンや消しゴム、ノートなど、「いつも机上にあるわけではないもの、仕事は終わったら片付けるもの」には、気分に応じていろいろな色を使うことで秩序が生まれ、気分も落ち着くコーディネートになります。

出かけるときにはペン立ての中から、「その日の気分のカラーのボールペン」を持っていくことで、自分の気分を把握したり、コントロールしたりすることができます。たとえばプレゼンの日であれば、気合を入れるために赤いシャープペンを持っていったり、仲間とのレクリエーションであればオレンジのペンで楽しい気分を増長させたり、目上の方との打ち合わせのときに、信頼してもらえるように紺色のペンを持って行ったり……などなど、「ちょっとした心の助け」として、「その日の気分のカラーのボールペン」を持っていくのもとてもおすすめです。

文房具の色は、服の色に比べて手軽にチャレンジしやすく、アイテム数が多いのでいろいろな色を簡単に楽しむことができます。カラフルな色は人の気分を楽しくさせる作用がありますので、机に向かうときのメンタルマネジメントに文房具の色を道具として用いることをおすすめいたします。

インテリアと色

インテリアの色はそこに住まう人の快適性に影響を与えます。床、壁、天井をはじめ、家具や建具、ファブリックや小物、植物、照明に至るまでさまざまなエレメントがひしめき合う空間において、そのカラーコーディネートによって住む人の気分は大きく変化します。

じゅうたんや床の色は、部屋の「落ち着き度」を左右します。色には白っぽい明度が高い色を軽く、黒っぽく明度が低いものを重く感じる「軽重感」があります。薄いベージュや白などを床に使うと、そこに住んでいる人は軽やかで活発な気分になります。焦げ茶や黒っぽい色を床に使うと、重厚感があり落ち着いた気分になります。インテリア空間にいずれを求めるのかで選択するとよいかと思います。

寝室にはあまり鮮やかな色を使わないほうがよく眠れます。刺激的な色が視界に入っていると網膜に信号が送られ、体が興奮してしまい、眠りたいけれど神経が起きていて眠れないような感覚になってしまいます。眠りやすい色はブルー系です。

ブルーグレーや水色や紺など、あまりビビッドでないブルーを寝室のアクセントに使うのもよいかもしれません。あまり大面積で用いてしまうと、温度感が生じてしまい「寒い寝室」になってしまいますので注意が必要です。

皆さん、寝ているときは、どんな状態が求められると思いますか？

安らぎ。リラックスした気分。熟睡。筋肉の緩和。精神の安定。落ち着き。平和な気持ち。優しい気持ち。こういったものをたっぷり味わって上質で幸せな眠りにつきたいですよね。

これらは、自分が何色に囲まれて寝ているかによって手に入るかどうかが決まります。

真っ赤なパジャマや、黒いシーツもかっこいいのですが、もしかしたら安眠を妨げてしまう可能性があります。

赤は人を興奮させ、活発にさせ、目覚めさせてしまうのでベッド周りには不向きです。

黒は硬い印象があるので、筋肉や精神をやわらげてくれる色ではありません。

私がおすすめしたい色は、まずブルー系です。私は眠る前に脳裏に海をイメージすることを習慣化しています。消灯すると色が見えないので、お布団に入ったら頭の中で海をイメージします。海の表面は太陽の光が当たって、明るいアクアブルー、水色のような色。それがだんだん深海へいくにしたがい、暗い藍色になっていく。私は海へしゃーっと飛び込んで深海へ沈んでいくイメージです。水色から藍色へのグラデーションをイメージします。そうすると、あっという間に、寝てしまっています。青が副交感神経を刺激し、体を鎮静させてくれる感じです。色がだんだん暗くなるにつれて気持ちも落ち着いていきます。

ピンクのパジャマもおすすめいたします。ショッキングピンクではなく、優しい淡いトーンのピンクがおすすめです。気持ちが優しくなります。筋肉も柔らかくなります。眠るとき、優しい気持ちになれるなんて最高ですよね！

ベージュも寝室にぴったりです。ベージュの枕カバーとシーツは、いかがでしょうか。ベージュにくるまれて眠ると、とってもリラックスできます。あまり鮮やかな色だと、寝ていても疲れてしまうのです。ベージュは疲れを取ってくれる色です。

キッチンは比較的せまい場所にたくさんの小物がある場所なので、ついごちゃごちゃした感じになってしまいます。そこでおすすめなのは、「色を統一する」という方法です。たとえばいつも使っている洗剤がオレンジ色なのであれば、他のものもオレンジ系で統一するのです。スポンジやふきん、キッチンタイマー、お鍋、計量カップ、鍋つかみなどのキッチン小物を、オレンジ、ピーチピンク、ベージュ、レンガ色、コーラル、あんず色、サーモンピンクなどなんとなくオレンジっぽい色で統一するのです。そうすると網膜に入ってくる刺激がシンプルで視覚的にすっきりしたように見えるので、多少スポンジがななめに置いてあっても、整然と片付いているように見えます。それぞれの小物に緑や赤、青、ピンクなどさまざまな色相の色を用いてしまうと網膜への刺激が複雑でごちゃごちゃと見えてしまうので、色相を統一するやり方は効果的で簡単です。

これを応用し、家をゾーニングして、ゾーンごとにテーマカラーを決めるやり方があります。トイレはグリーン、洗面所はブルー、というように小物の色を統一するのです。そうすると、タオルなどもどこのものかが一目瞭然となり、家の中に秩序が生まれます。

新築やリフォームなどで壁紙のような容易に取り換えられない箇所の色決めをするときは細心の注意が必要です。

できれば見本帳の小さいチップではなく、せめて数10cm角の色見本を見せてもらえるとよいかと思います。なぜなら、「色の面積効果」が生じるからです。色は小さい面積で見るときと、大きな面積で見るときとでは同じ色でも大きい面積のときのほうが彩度が上がって感じられます。見本帳の数cm角のチップでは、ほんのりピンクがかった白い壁紙だと思っても、実際に施工してみて壁一面の大きさになったらかなりピンクが鮮やかに強く出ることがあります。また、昼間の太陽光や夜の蛍光灯などいろいろな照明条件下で色の見えをチェックしてから決定したほうがよいと思います。

最近では欧米の住宅のように鮮やかな壁紙も出ています。ワインレッドやマスタードなど好きな色を部屋の壁の1か所にフォーカスポイントとして用いるのです。インテリアの色彩上級編としてとても素敵だと思います。

壁紙に華やかな色を用いることが不安な方は取り換えのきく、カーテンやベッドカバー、クッションなどのファブリックスに華やかな色彩を用いることをおすすめいたします。特に子ども部屋は、お子さんがどんどん成長していきますので、遊びが中心の年齢から落ち着いて勉強にいそしんでほしい年齢へと年月を重ねるにしたがって適切な色彩に模様替えをしていくことが望まれます。カーテンなどだと付け替えがしやすいですね。

インテリアの色彩は、住んでいる人があまり意識していなくても、潜在意識に日々その色彩情報が入力されます。

インテリアを快適にするための色使いとしてポイントは「引き算」と「視界」です。まずは「引き算」。

人間の網膜はある一定以上の種類の視覚刺激があると疲れてしまうようです。つまり、インテリアにいろいろな色があるとそこに住んでいて疲れるのです。グリーンの観葉植物、赤いクッション、水色の小物入れ、黄緑の写真立て、ピンクの花瓶、黄色いマガジンラック、黒いスリッパ、シルバーのリモコン、紫のアロマキャンドル……という具合に、リビングなどは色彩が氾濫しがちです。

まずテーマカラーを決めましょう。たとえば、観葉植物のグリーンがテーマカラーだとしましょう。そうしたらグリーンと近い黄緑、黄色、水色のものはそのままで、グリーンから遠い色の赤、紫、ピンクのものを引き算するのです。

それだけで見違えたようにすっきりした空間になります。

その上で、どうしても浮いてしまうものだけを買い替えればよいのです。

いまの例では、赤とピンクと紫が消えて、グリーン、黄緑、黄色、水色が残り、なんとなくナチュラルムードになるので、黒いスリッパをベージュに変えたくなるかもしれません。そうやって引き算をすれば最低限の買い替えでガラリと雰囲気が変わります。

もうひとつのポイントは、「視界」。

家を丸ごと大改造するのは大変です。そんなとき「視界ごと」にコーディネートすることをおすすめします！

皆さんはご自宅に「お気に入りの定位置」はありますか？

たとえばいつも座っているソファがあるなら、まずそこに座ってみることからカラーコーディネートは始まります。座ってみて、視界を確認するのです。どこからどこまでが目に入るか。そしてその視界の中だけを、カラーコーディネートすればよいのです。自分がこれまでいかに無意識に色彩の氾濫に疲れていたか分かります。

私は昔住んでいた部屋でいつも座るソファに座っていて、どうも居心地が悪いと感じ、ふと気づいてテレビの横にあった真っ赤な小物を視界に入らないように別の場所に移したら、とたんに居心地がよくなったことがありました。ソファに座っていつもテレビを見ていたのですが、無意識にテレビの横にある真っ赤な小物も視界に入っていたのです。定位置の視界に入っている色彩のうち、派手なものを引き算して、視界の外へ移動させるだけで、普段の気分が全然違います！　インテリアの色彩の秘訣はこの「引き算」と「視界」です。簡単にできるので、ぜひやってみてください

インテリアを変えると、脳が変わり、活性化します。

お部屋が快適になると、脳が快になり、物事がうまくいきやすくなります。

私たちは、五感のうち９割の情報を視覚から得ています。

見ているものが、潜在意識に入っていきます。

インテリアの色彩は、住んでいる人の気持ちにとても大きな影響を与えます。本人が意識していなくても、自分の家の色彩は始終目に入ってきていろいろな刺激を与えています。どんな色の部屋に住んでいるかが、その人の気分や感情に影響を与え、その気分や感情がその人の人生を左右するのです。インテリアの色を変えることで人生を変えることもできるということです。

肉体と色

肉体と色は密接な関係にあります。

色を見ると視床下部から体へ信号が送られて、肉体が自動的に反応します。

赤を見ると興奮して血圧が高くなって筋肉が硬くなり、青を見ると沈静して血圧が低くなって筋肉が弛緩します。

●ライトトーナス値

肉体と色の関係性を示したものに「ライトトーナス値」というものがあります。いろいろな波長の光を人体に当て、それぞれに筋肉がどう反応するかを計ったものです。平常時の数値が23に対して、それぞれの色の数値結果は次の通りです。

赤…42
オレンジ…35
黄色…30
緑…28
青…24
ベージュやパステルカラー…23

数値が平常時の23に対して高くなればなるほど、筋肉が硬くなり血圧も上昇するという結果が出ています。皮膚の色に近いベージュのときにもっとも筋肉が弛緩してリラックスし、赤では興奮状態になるようです。

淡いピンク色は闘争本能を萎えさせる、ということを聞いたことがあります。重量上げの選手が淡いパステルトーンのピンク色のウェアを着ると思うように重量上げができないのだそうです。逆に、赤いスポーツウェアは闘争心を高めて、筋肉も隆々となり、肉体の気合が入りやすいのが分かります。

●虹の七色と肉体

ここでは「虹の七色がそれぞれ体のどこに影響を与えるのかをお伝えします。虹色と体の関係について考えるといつも不思議な気分になります。なんとなく、本能で納得がいくのです。

黄色は胃と関係が深いのですが、胃薬には黄色いパッケージのものが多かったりします。頭部は青紫と関係が深いのですが、頭痛薬のパッケージにはバイオレットのものが多かったりします。赤には性欲の意味がありますが、精力剤も赤いものがイメージできるような……。

これらは製薬会社のデザイナーさんたちがカラーと肉体について学んだから分かる、というよりは、人類が共通にもつ集合的無意識からくる「なんとなく」そんな感じ、の領域のものです。

「なんとなく青紫は頭痛が治りそう」

「なんとなく赤は精力が高まりそう」

という感じです。

ヒンズー教の考え方に「チャクラ」というものがあります。（詳しくは拙著「7色のすごいチカラ！」をお読みいただけたら嬉しいです）

チャクラは体の前に縦に7つ並んであるとされている太陽光のエネルギーを体にもらう入り口で、たとえば黄色のチャクラは胃のあたりにあります。青のチャクラは喉仏のあたりです。

チャクラは内蔵や腺などと密接に関係していると考えられています。

ちなみに、簡単にお伝えすると、

【赤】体力、精力、血圧、骨、筋肉
【オレンジ】腸
【黄色】胃
【緑】呼吸器、心臓
【青】喉、声帯

【藍色】 視床下部、松果体

【青紫】 頭部、脳

それぞれの部位の調子が悪いときに、それぞれの色が欲しくなるのは不思議です。まだまだ「この症状にはこの色が効きます！」と断言することはできない世の中ですが、私は個人的にこのことを自分の健康管理に生かしています。

私たち人類は神様から五感をいただいています。

その9割が視覚だといわれています。

五感で感じることが肉体に影響を与えるのであれば、色の影響も否定できなさそうだと私は思います。

ではそれぞれの色の具体的な肉体への影響についてお伝えします。

【赤】 体力、精力、血圧、骨、筋肉。

赤を見ると人は瞬きの数が増え、体温が上昇し、筋肉が硬くなり、血圧、呼吸数、脈拍数が高くなります。つまり赤は人を興奮させるのです。ですから、赤信号や緊急停止ボタンなど、人をはっとさせたいところに使われています。赤を肉体に効果的に使う方法をご紹介します。

〈朝、めざましカラーとして使う〉

赤を見ると交感神経が刺激され、しゃきっとするのでおめざめがよくなります。

〈食欲がないときに〉

とうがらしやトマト、梅干しなど赤い食材は食欲増進に役立ちます。

〈冷え性でいつも寒がっている方に〉

夏場には不向きかもしれませんが、赤は暖色系の色なので、見ることにより体感温度をアップさせます。赤い部屋と青い部屋とでは体感温度が2~3度違います。

〈元気になりたい〉

どうもテンションが低い、やる気が起こらない……というときは赤を見たり、着たりすることでエネルギーが高まります。

〈血圧を上げたい〉

赤を見ると血圧が上昇します。(高血圧の方は補色のグリーンをおすすめします)

暑い夏で体がバテ気味のときや寒い冬に凍えているときには、赤い食材を食べて元気を取り戻したり、赤い小物で体をシャキッとさせるのもよいですね。

赤は生命力の色。今日も赤が美しく見えるということは、今日も自分の肉体には生命力が満ちているということです。道端や家の中、食べ物などで「美しい赤」を見つけては、自分の生命力をアップさせてみてください！　どんどん元気になります！　すべてのパワーの源はまずは赤です！

【オレンジ】腸、生殖器。

腸は必要なものを吸収し、いらないものを解毒する作用をもちます。オレンジにも交換、コミュニケーションというようなニュアンスがあります。生殖器があることから、オレンジはパートナーシップや恋愛にも関係します。お腹の中にあるぽかぽかしたストーブのようなたき火のような色ともいわれ、ロマンチックな感情や人生を喜ぶことと関係します。オレンジが足りないと、いわゆる「うるおい」が足りない感じとなり、デートをしていなくてカサカサした感じ、毎日喜びや遊びが足りなくて無味乾燥な感じ、となります。ときどきは愛する人とキャンドルのオレンジ色の炎を見つめる時間をつくったり、キャンプファイヤーの回りで大切な人達と過ごすことも大切ですね。

オレンジにはこんな使い方があります。

〈食器やカトラリーなど、食事をするときのアイテムに使う〉

オレンジは食欲を高め、会話も弾みます。

〈トイレのインテリアに〉

お通じをよくするといわれています。

〈暖をとるために〉

赤同様、オレンジも青系と比べると体感温度が2～3度暖かく感じられます。ただ単に体感温度が上がるだけでなく、暖炉にあたったかのような、家族団らんのなかにいるような暖かさを感じることもできます。

〈感情豊かにするために〉

オレンジは感情と関係があります。喜怒哀楽を封じ込めるとお腹をこわしてしまうように、腸と感情は密接に関係しています。腸は「第二の脳」ともいわれているのです。

〈異性を求める気持ちを高めたい〉

パートナーと出会い、ロマンチックな気分を感じ、パートナーシップを高めていきたい気持ちを強めてくれる色です。ベリーダンスで女性性が高まるように、特に女性の気持ちに影響を与えます。

オレンジは喜び、創造、味わいの色。今日もオレンジが美しく見えるということは、今日もこの人生を豊かに味わい喜んでいるということです。美しいオレンジの夕陽がとてつもない深い癒し効果をくれたりします。この美しい地球に肉体や感情をもって生まれてきた喜びを、夕陽のオレンジが祝福してくれているかのようです。

オレンジを見かけるたび、「よかったね！」、「人生を喜ぼうね！」と宇宙から言われていると思ってください。

オレンジはコミュニケーションカラーでもあります。喜びのシェアを、どんどん周りにしてみてください！ キャンドルサービスを、どんどんしていってみてください！

【黄色】胃、神経。

黄色は体の真ん中、みぞおちのあたりにあります。

そもそも黄色には「真ん中」という意味があるのです。自己中心や個という意味もあります。お花の真ん中も黄色いし、卵の真ん中も黄色いです。太陽系の真ん中も黄色い太陽です。

体でいうと、消化をうながす胃液の分泌や、他者と自己の関係性で胃が痛くなったり、神経が疲れたりすることとも関わりがあります。

では黄色の効果です。

〈集中して勉強したい〉

黄色を見ると脳がしゃきっとして集中力が高まります。私も色彩検定の勉強をしていた頃、机には向かうのですが集中力がないことが悩みだったので机を黄色いカーテンの前に移動して勉強したら集中できました。

〈理解力を高めたい〉

勉強するときに黄色い蛍光ペンを使うと理解力が高まります。黄色は頭がよくなる色なのです。黄色い食べ物を食べると頭がよくなるという説もあります！

〈トイレのインテリアに〉

オレンジ同様、黄色もお通じがよくなるといわれています。

〈ストレスによる胃痛〉

個を強くする黄色で、「自分は自分」と考えやすくすることができます。

〈脳にハッピー情報を送る色〉

黄色はスマイルマークやピースマークに使われるハッピーカラー。見るだけで幸福な情報を脳へ伝えます。

黄色は輝き、自信、自己、理解の色。今日も黄色がキレイに見えるということは、今日も自分は幸福感を感じ、輝いているということになります。黄色は光の色。輝きの色。まず自分が輝きましょう。まず光あれ。黄色のキラキラマークをたくさん入れてメールを送りましょう！　黄色い食べ物をたくさん食べましょう！　光をたくさん浴びて、光を自分に充電し、自ら内発的に輝ける人になりましょう！

【緑色】　呼吸器、心臓。

緑はリフレッシュ、リラックス効果のある色で、リフレクソロジーや岩盤浴やカフェなどの看板に頻繁に用いられています。平和団体のイメージカラーにも使われるように、平和、調和感、愛などをあらわす色でもあります。緑を見ると、毛細血管が開き、筋肉が弛緩します。血圧が高い人、呼吸が浅く速い人にもおすすめです。

緑の効果は次のようなことです。

〈体が疲れているときに〉

「今日はコーヒーじゃなくて緑茶が飲みたい」、「お肉じゃなくて野菜が食べたい」、緑を欲しているときは体からのサインです。肉体を休めてあげてください。

〈疲れ目に。目を酷使したときに〉

緑は「アイレストグリーン」ともよばれ、目に良い色です。長波長の赤、短波長の青に対し、中波長の緑は目への刺激が優しいのです。黒板も昔は本当に黒い板だったのが、視力低下を防ぐために緑色になりました。

〈精神的な疲れに〉

人に気遣いをしすぎて心が疲れてしまったときにも緑色は効果的です。癒しカラーですので、大きく深呼吸して森林浴をしたような楽な気持ちになることができます。

〈イライラして焦燥感がつのるときに〉

のんびりムードの癒し系の色であるグリーンは闘争本能をなえさせて、のんびりとリラックスした肉体にさせる効果があります。

〈頭痛や夏バテに〉

人は緑色を見ると、大いなる森や植物など大自然を潜在意識で勝手にイメージします。その結果、豊富な酸素をイメージすることから体中の毛細血管が開くことがあるそうです。緑は健康の色。万能薬だとも言われています。

緑は、愛の色、調和の色、安らぎの色、調整の色です。ついつい力が入って戦闘態勢になってしまっているとき、緑のリフレッシュ作用でとても助けられたりします。緑色の野菜をたくさん食べることで、体がよろこんでいる感触を感じたりします。気まずいオフィスに観葉植物がたくさんあるだけで、なんだか急に居心地がよくなったりします。神様は地球上にたくさんの緑色を用意してくれました。物体の色はその物体が吸収しないで反射している色であるわけですから、まるで植物たちが「僕たちは緑はいらないよ、はい、どうぞ。たっぷり緑をあげます」と私たちに差し出してくれているかのようです。緑を思いきり見て味わって吸い込みましょう。体にクリーンで愛情たっぷりでリラックスできるものがたっぷりしみこんでいく感じです。これは健康のもとです。緑茶を飲んでリラックス、街路樹を見上げてリフレッシュ、緑のたたみのうえでゴロンとリラクゼーション、公園の中を歩いて心身ともにヘルシーな時間……。緑がくれる最大のギフトは愛と健康です！　たくさん受け取ってみてくださいね！

【青色】喉、声帯。

青は赤と逆の効果のある色です。興奮色の赤に対し、青は鎮静色です。青を見ることにより、瞬きがゆっくりになり、筋肉が緩和して、血圧、呼吸数、心拍数、体温が下がります。のんびりゆったりしたモードになり、上がっていた「気」が下がります。かっかしていた気持ちもクールダウンし、鎮静します。クールミントが喉をすっきりさせるイメージがあるように、特に水色は喉や声帯と関わりをもちます。

では青の使い方です。

〈夜、眠れないときに〉

ベッドに入って目を閉じたら、青いものを（私は海をイメージします）脳裏に思い浮かべてみてください。神経が鎮静して眠りやすくなります。

〈食欲減退に〉

ダイエットに向いている色です。欲望を抑制します。世の中に真っ青な食べ物がないことから、青いものが食卓にあると食欲が失われるようになっています。

〈行動を抑制したいときに〉

私はバーゲンに出かけるときは、あれもこれも欲しくなる興奮する気持ちを抑えるために青い服を着ていくようにしています。

〈炎症、発熱〉

寒色の代表である青は、体感温度を下げる効果があるため、「熱」を下げたいときに効果的です。心地よいです。

〈喉の感染、イガイガ、声の通り〉

水色がすっきりクールミントのように効きます。今日は言いたいことをすっきり伝えたい！ というときはスカイブルーのネクタイをつけるのもよいかもしれません。私は水を飲むことで喉を浄化しているつもりですが、青いパッケージのミネラルウォーターを好んでいます。

青は、自己表現、伝達、冷静、平等、愛、精神性の色。マリア様のまとう外套の色。大統領が外交のときによくしめているネクタイの色。青は焦りやテンパった気持ちを静め、本来の理想や、おおらかに地球を包み込む青空のような包容力や、静まった思考や、豊かな精神性などをあらわします。青をみるとクールダウンして、冷静な自分が出てきます。我や争いや依存や快楽から解き放たれ、自由で開放された大いなるさわやかな気分を味わうことができます。青は体に入っている力を抜いてくれます。青はたぎる血を静めてくれます。私は仕事で悩んでいたとき、よくプールで数時間過ごしていました。力を入れて頑張りすぎたあとも、海を見に行きたくなったりします。青いものは地球上にはあまり多くありませんが、見上げれば大きな青空があります。青はちょっとした非日常、青は人生の小休止。青は停戦の色です。

【藍色】視床下部、松果体。

藍色のチャクラは目と目の真ん中、眉間の奥あたりにあります。藍色の意味を一言でいうと「みる」。「見る」、「観る」、「視る」、すべて当てはまります。特に、実際に見えているもの以外のもの、「未来をみる」、「雰囲気をみる」、「様子をみる」、「本質をみる」といった能力をあらわします。直観力と関係があります。

では藍色の使い方です。

〈痛みの軽減、鎮静〉

安らぎ、落ち着きをもたらす色です。藍色を見ていると気持ちも肉体も落ち着いていきます。

〈神経の疲れ、ストレス〉

藍色は神経を落ち着かせてくれます。眠れないときには、青同様優しい眠りへ導いてくれます。

〈気が散るときに〉

精神統一させ、深い集中をもたらします。

〈感じる能力を高めたい〉

空気をよめる、未来を見られる、感性を鋭くする色でもあります。

〈テンションを下げたい〉

うわついている、焦っている、気持ちが上がっている、おどおどして落ち着きがない……というようなときに効果的です。テンションが下がり、落ち着きが生まれます。深い落ち込みにならないように使いすぎには要注意です。

藍色は、鎮静、落ち着き、静寂、深さ、直観の色。日本人は昔から藍染文化が浸透していました。武士も座禅や瞑想をし、深い静かな時間の重要性を理解していました。

言葉にせずとも空気を読んだりして、「以心伝心」、「虫の知らせ」など、魂から魂へ伝わるものを理解していました。藍色は、うわべだけの物理的な目に見えることだけでなく、その深部にある真理、本質を味わえるようになる色でもあります。日本古来のナショナルカラー、藍色をまとって、静かな時間に耽ってみるのもいいかもしれませんね。

【紫色】頭部、脳。

ヒーラーや僧侶、高い精神性を求める人に好まれる紫色。チャクラでは頭頂部に位置し、人と宇宙をつなぐ場所ともいわれています。ここが開かれていると、本来の自分の魂の声に気付きやすく、ここが凝り固まってしまっていると、宇宙からのメッセージに気付きづらい、などともいわれています。

紫はファンタジーの色でもあります。赤やオレンジが強く、現実生活で責任感をもって力を込めて目の前のことばかりをバタバタがんばっていると、「目に見えないもの」、「生まれる前にいた場所からのメッセージ」など、目の前の義務や仕事とかけ離れたことに興味がもてなくなったりします。紫色の摂取をおすすめします。

さて、紫の効果です。

〔神経の疲れを癒す〕

「美しい旋律の音楽が聴きたい」、「アートに触れたい」というときは根深い神経の疲れを感じているのかもしれません。紫色は神経の疲れを癒します。

〔キレイになりたい〕

芸術家に愛されている紫は美的感覚を鋭くします。アントシアニンなどの紫系の色素にも美しくなる成分が含まれています。

〔異性からの目線が変わる色〕

性的アピール色ともいわれる紫は、本能に訴えかけ、異性から魅力的にうつります。ただし、使い方によって上品になったり下品になったりもします。

〈感性を高める〉

目、鼻、耳……受信器官が集中する頭部の色である紫は、感性を高めます。紫色に囲まれて暮らしていると、芸術的感性が高まっていきます。

〈眠りやすくなる〉

ラベンダーの香りには誘眠効果があるといいますが、紫色にも眠りやすくする効果があります。優しいトーンを選べばリラクゼーションカラーにもなります。

紫は、ファンタジー、スピリチュアル、霊的癒し、魂の気づき、芸術家、感性の色。紫は地上にもっとも少なく、紫色の染めるには希少な染料を使うため、紫は高貴な色とされてきました。紫を見ることで神経が安らぎ、深い癒しを得ることができます。紫は見ているだけでキレイになります。女性は美人の雰囲気のオーラが出ます。男性はセクシーに見えます。美的センスがどんどん高まっていきます。夏の暑さを落ち着かせてくれる色です。

それぞれの色の肉体への効果、なんとなく納得できるのではないでしょうか。普段から無意識にそれらの色を肉体のオーダーに応じて選んでいることに気づくかもしれませんね！

第三章

色とつきあう

好きな色

皆さんの好きな色は何色ですか？

私は初めてこの質問をされたときに、少し戸惑いを感じました。

「好きな色」って漠然としていて困る！　好きな服の色はグレーや紺色、花の色なら紫系で、小物とかはブルーが多いかな……、部屋の中はベージュと茶色が好き……、場面によって好きな色って異なるのでは？　と思いました。

純粋に好きな色は小物に出やすいです。

服の色だと、ＴＰＯや他者目線、似合う・似合わない、目立つ・目立たない、流行、体型、天気などが影響するので機能的な色彩が求められることが多いので、ただ単にその色を見て好ましく思うかどうかとは別次元の話になってしまうのです。

実際、「好きな色調査」などを研究機関がやるときには、カラーカードのようなものから「単に色として好きかどうか」だけを問うように調べます。色は普段は何か物体に従属しているので、色だけを評価することができるシーンがあまりないのです。小物は比較的独立した存在と思われやすいので好きな色が出やすいです。

私がカラーの勉強をして数年経ったころ、青について先生が教えてくれる授業がありました。私は大好きな色なので「やったー！　青だ！」と思い、はりきって先生がホワイトボードに書いた板書をノートに写していました。

ノートに青の意味を何十個も書きながら、なぜか私の心にこみ上げてくるものがありました。授業中なので必死に涙をこらえたことを憶えています。

なぜ、そのような気持ちになったのかというと、先生が板書したその言葉たちが、どれもこれも、私にそっくりだったからなのです。

青にはいろいろな意味があります。その一つ一つが自分にそっくりでした。

私のいいところも、悪いところも、恥ずかしくて誰にも教えていないことも、全部全部書き出されていったので、「何これ！」と思って驚きました。それと同時に、「ああ、そういうことか」という深い納得を味わったのです。

私は小さい頃から、青が大好きでした。

函館の白百合幼稚園に通っていましたが、青で描かれているマリア様に憧憬を抱いていました。「この中から好きなノートを持っていっていいよ」と言われたらいつも青いものを欲しがるタイプでした。私の仕事机の引き出しを開けると、青いものがずらりと並んでいます。なんとなくＬＯＦＴや東急ハンズに行って文房具を買うときは「青でいいや」と思ってしまうのです。ポストカードなどを選ぶときも海や空が映っているものを選びがちでした。

色の意味を勉強していなくても、色からたくさんの情報が出ています。私の場合は青を見ることで、「青にはいいところも悪いところもあるけれど、でも色としてはこんなに美しい」と感じることで、青という色に同調していたのです。自分とよく似たその色を愛でて肯定することで、疑似的に自己肯定をすることができるから、その色を好ましく感じていたのです。

好きな色を見て好ましく思う、という行為は、大変深いセルフヒーリングとなるのです。

もし、皆さんに好きな色が思い浮かんでいたら、ぜひその色をいつも目に入るものに使用されることをおすすめいたします。

服の色だと、毎日同じ色、というわけにはいかないでしょうから、キーホルダーやストラップ、玄関に飾る絵など、ちょこちょこ視界に入るようなものがいいのではないでしょうか。見るたびに「キレイだな」、「この色が大好き」と思うことで、自己肯定することができ、とても深い癒しを味わうことができます。好きな色は戦友のようなものです。ぜひ、いつも近くにおいてときどき見るようにし、見るたびにその色を愛でて味わうようにしてみてください。

好きな色が分からない方は自分の部屋や引き出しの中にどんな色が多いかを見直してみると発見できるかもしれません。

私はもともと青だけが好きだと思っていたのですが、カラーの勉強をして色を見る目が変わり、あらためて周りを見回してみるとピンクだらけだということに気づいてびっくりしたことがあります。

高校生まで過ごした私の実家の自室は、カーテンもベッドカバーもピンクの布でつくってもらいました。枕元のランプシェードまでピンクです。今住んでいる部屋もタオルやパジャマやふきんなどにピンクがたくさんあります。本人の意識では「ピンクなんて別にそんなに好きではない」と思っていたのに、見回してみてその多さに驚きました。よくティッシュの箱が5個入りで入っているものを買ってきたりすると、ピンクの箱を使う順番が待ち遠しい気持ちになったりします。ということは、好きなんですよね。自分で意識していないで、こうやってあらためて気づく場合もあります。ちょっと周りを見回してみてください。

また、「あの時期は黄色が好きだった！」というように期間限定で好きな色がある方も多いかと思います。

色を好きになる、ということは、その色に自分が同調している状態です。

リーダー職についたときに赤が好きになるように、その期間の自分がその色と似た状態になって、その色を見るたびに好ましく感じるようになったと考えられます。

ということは、マイブームだった色を振り返ることによって過去の自分を見つめなおすこともできます。

今後も、急に大好きになる色があるかもしれません。

それは「今この色をもっと摂取することで自分を肯定できる、だからもっと欲しい」ということです。

何かの色を好きだと思ったら、遠慮せずどんどん使いましょう。その色のものを買ってみましょう！　その時期の自分がもっと輝きます。

嫌いな色

好きな色が、その色に自分が同調している状態だとすると、嫌いな色はその色に自分が反発している状態です。

好きな色と同様に、嫌いな色からも自分自身を知ることができます。

私の場合は、短期的でしたが黄色が苦手な時期がありました。

黄色はピースマークにも使われているハッピーカラー。いろいろと悩みがあって精神的にまいっていた頃、黄色を見ると不愉快に感じることが続いていました。

その頃は黄色だけでなく、ホームドラマやCMでも、幸福そうなものを直視することができませんでした。「そういう気分になれない」という状態だったのでしょう。

今では黄色は大好きです。インテリアにも使っていますし、ワンピースで着ることもあります。黄色いお花をたっぷり飾るのも大好きです。見るだけでとてもハッピーで幸せな気分になることができて、なくてはならない存在です。苦手だと思ったのはその時期だけのことでした。

このように、過去に苦手だった色を振り返ることによって、その時期の自分の精神状態を探ることもできます。色を嫌いになるのも意味があるのです。心の奥にある課題が浮き彫りになることもあります。嫌いな色があったら「なぜ私はこの色に反発しているのかな」と考えてみると、大きな気づきがあるかもしれません。

一時的なものでなく、長年その色が嫌いだというケースもあります。

たとえばピンクが嫌いだという人がいました。小さい頃からピンクの服を着せられそうになると親から逃げていた、今でもピンクの服を着ることはできないし、小物などでも買うことはない、と言っていた方です。

この人は女性ですが、小さい頃から長女として妹や弟たちのめんどうをみてきました。学校でも部活の部長などをやり、社会人になってもチーフに抜擢され、いつも責任を負って根性で頑張ってきた人です。この人は女性が誰かに依存したり甘えたりしている姿を見ると、憤ってしかたないのだそうです。やるべきことをそれぞれが自立してがんばらなければならないのに、弱々しい表情で甘える仕種をするような同性の友達を見ると、すごく不愉快に感じていたのだそうです。

ピンクには甘え、庇護、依存というような意味がありますので、そのイメージに反発をしていたのでしょう。

大人になってカラーと出会い、色の意味を知ることでこの人はピンクの良さをあらためて知ります。ピンクには、優しさ、思いやり、愛情というような意味もあるのです。確かに、甘えていた同性の友達は、自宅でクッキーをつくってきてみんなに配ったり、落ち込んでいる人を優しく何時間もなぐさめるような大きな愛があり、自分にはない尊敬すべき一面もあるということを再発見するのです。

色には二面性があり、必ず良い面と悪い面があります。その色を嫌っているときは、その色の悪い面がクローズアップされている場合が多いです。

長年嫌いな色があるということは、その色をひっくり返して良い面を知ろうとすることがとても大きな学びになるはずです。

先ほどのピンクの場合も、「甘えっ子は嫌いだ！」としか思っていなかった友達のことを、ピンクをひっくり返すことで、「大きな愛をもった尊敬すべき人だ」と見ることができるようになるわけです。

私はカラーの勉強をしてよかったことはたくさんありますが、その中の一つに「嫌いな人がいなくなった」ということがあります。

最初のうちは、私が青を好きなので、同じく青を好きな人は自分と仲間だと思っていました。青以外の色を好きな人とは「考え方が違う」、「気が合わないのかな？」と思った事さえありました。

でも勉強していくとそれぞれの色の素晴らしさが分かっていきました。

どんなに私が青を好きでも、世の中青い人たちだけではやっていけないのです。

道なき道を切り拓くリーダータイプの赤い人が必要です。

人を喜ばせ場を盛り上げるオレンジのサービス精神も。

頭を回転させてアイディアをひらめかせる黄色い人。

緑の人の平和主義があるから、癒しのあるいい雰囲気が生まれます。

青の人が冷静に平等に物事を見てくれています。

紫の人が紡いだアートにみんなが癒されます。

ピンクの人がみんなを愛してくれています。

それぞれの人がいるからこそ、この世界はうまくいっているわけであり、それぞれの色はどれも素晴らしく、いてくれないと困るわけです。

ということは、自分と違う色が好きな人は「苦手な人」ではなく、「自分にないものをもっている尊敬すべき対象」と考えることができます。

これこそ色の素晴らしい学びです。

私の場合はそれぞれの色の素晴らしさが分かったことによって、色には優劣がなくどれも素晴らしいと思うことができ、嫌いな人がいなくなり、すべての人の個性が輝くことが世界が彩りで満ちることなんだと理解できるようになりました。好きな色も嫌いな色も自分の心の奥が教えてくれる大切なメッセージです。

気になる色

好きな色、嫌いな色とはまた別に「気になる色」というのがあります。

なんとなく最近目がいく色、手が伸びてしまう色……そんなに好んではいないけれど、なぜかなんとなく欲しているような感覚です。

この「気になる色」というのは、なぜその色が気になるの？　と聞かれても説明できない〝なんとなく〟の感覚です。実は、顕在意識で選択しているのであれば理由を説明できるのですが、気になる色というのは潜在意識が欲している色だといわれています。本人が意識していない領域からのメッセージですから、理由を説明できません。逆にいえば、気になる色を知ることによって、自分の潜在意識からどんなメッセージが来ているのかを、色から読み解くことも可能になります。

ちなみに私は毎朝、箸の色を選ぶことで、自分の「気になる色」を知るようにしています。

お箸の色を選ぶことで、自分の今の気分を知ることができます。

私の家には、いろいろな色の箸があります。

今は本当にカラフルなお箸がたくさん売っていますので見つけたら買ってくるようにしていたらかなり集まりました。

普段、自宅で食事をするときは、お箸のカラーセラピーをしています。

そのカラフルな何十本ものお箸を、箸立て代わりのグラスにジャッといれてあります。

その中から、どの色のお箸で食事をしたいかを、「なんとなく感覚で」選ぶようにしています。

特に朝食がおすすめです。

まだ起きたばかりで、頭がぼんやりしている段階で、お箸を選びます。

その日によって、「なんとなく今日はグリーンのお箸がいいな、今朝はピンクのお箸の気分だな」と自分の心が反応します。

理屈で考えず、直感で選ぶことが大切です。

特にお箸は食事に使う道具で生理的な気分も影響しますので、その日の朝の気分がより出やすいでしょう。「口に入れたいと思う色」、「生理的に受け付けない色」というのが、わかりやすいのではないかと思います。

「なんとなくこの色がいいな」というのは、非常に感覚的なものです。

意識して理屈で考えて選択しているのではなく、潜在意識で感覚的に考えないで選択している状態です。

服の選択などになるとどうしても「ＴＰＯ」や「周りからの視線」、「似合うか似合わないか」などほかの要素が出てくるので、なかなか直感的になることが難しいときもありますが、箸の色ならそんなこともありません。

人には意識と潜在意識があるといわれています。本人が意識して出力できるのは数％の意識の部分だけで、あとの９割以上の潜在意識の部分は、本人には理論的に把握できない部分です。ただ、言語化して出力できなくても「感じる」ことはできます。この「感じる」練習をすることで、本当の自分に近づくことができたり、本当の自分を知ることができたりするのです。

潜在意識に非言語で問いかけると非言語の応答が返ってきます。

「なんだか嫌な予感」とか、「妙にわくわくする気持ち」など、皆さんも味わったことがあるのではないでしょうか。これこそが潜在意識からのメッセージであり、人生においてとても大切な情報です。本当の自分になるために、いつも自分の潜在意識は何と言っているのかを把握したいところです。

非言語で問いかけると非言語で応答があるということは、問いかけに色を使うことができるということです。色で問いかけると色で応答があるのです。

自分の潜在意識に、「どの色の箸がいい？」と聞いてみる感じです。そうすると、「緑がいいな、赤は今朝はちょっとうるさいな」というような感覚が自分の奥から立ち上ってくる経験ができるかと思います。

これを毎朝やることにより、日々自分の潜在意識と「対話」ができていることとなり、本当の自分はいまどんな気分なのかをいつも感じながら生きることができます。意識と潜在意識、言動と行動、理屈と感覚、いろいろなものの整合性が取れていく感覚が身についていきます。

これをやらずに頭だけで考えて過ごしていると、「なんとなく腑に落ちない感じ」、「頭脳と魂がずれている感じ」で生きていることになり、回り道をしたり、悩んだりなどの違和感が出てくるかと思います。

単なる箸選びですが、実はとても大切な朝の潜在意識との対話タイムとなるのです。

次に簡単にそれぞれの色の一言メッセージを記します。

【赤】
今朝はやる気に満ちています。朝から気合いをいれてはりきっていきましょう！

【オレンジ】
友達と会ったり、飲みに行ったりしたいのかも。遊びも大切です。

【黄色】
情報収集をしたがっています。興味のある分野の調べものをしてみては。

【黄緑】
マンネリ気味の日々になっていませんか？　新しいことを始めてみては。

【緑】
気疲れしていませんか？　リラクゼーションや自然に触れる時間を。

【青】
一人の時間は取れていますか？　たまにはのんびり小休止タイムをつくりましょう。

【紫】
美容室やエステなど美容に時間を取るのもいいかも。美術館へ行くのもよし。

【ピンク】
恋愛したい気持ち、優しくしてほしい気持ちがUP。まずは自分から愛を。
【茶色】
保守的な気分。今日は攻めより守りの姿勢でいたほうがいいかも。安定志向強し。
【ベージュ】
アクティブに過ごすより、ほっこりのんびり癒しモードになりたい気分。
【黒】
いまは修行のとき。淡々と力をつけよう。周りが少しわずらわしいのかも。
【白】
心機一転すっきりした気持ちでスタート！　まっさらな気持ちでさわやかに。
【ゴールド】
お金のことが気になっている可能性大。小銭を磨いたりお財布を掃除しては。
【シルバー】
スマートで抑制のきいた感じを好む日。シンプルライフをしてみましょう。

たまたま私の場合は箸ですが、折り紙でも、手帳売り場でも、並んでいる色を見かけたら、「どの色が気になるかな」と自分に問いかけてみてください。

潜在意識からの応答があるはずです。

似合う色

パーソナルカラー診断、というものがあります。パーソナルは個、カラーは色。「個人の色」というような意味になりますが、簡単にいうと似合う色を診断することです。

私はこれまでに千人以上の方に、このパーソナルカラー診断をさせていただきましたが、本当に奥が深い面白いものです。

パーソナルカラーというものは、１９８０年代にアメリカから日本に入ってきたようです。そのときのキャッチコピーが「好きな色と似合う色は違う」というものだったので、今でもこの言葉を憶えていて、口にするお客様も多いです。

好きな色、というのは心理的なものです。小さい頃から好きな色であったり、その時期のマイブームの色だったり、なりたい自分の役割を演出する色だったり、ついつい買ってしまう慣れ親しんだ色だったり……、いずれにしても本人がそう思っているわけであり、主観的なものです。

それに対して似合う色というのは客観的で物理的なものです。その人がもっている生まれつきの色、つまり髪の毛の色や瞳の虹彩（黒目）の色や唇や頬の血色、肌の色などに合う色のことです。色と顔の関係にもベストマッチというものがあって、一番似合う色を身に着けたときに、その人のお顔が一番いい状態になります。これは本人よりも周りの人のほうが分かりやすかったりするもので、主観を交えず客観的に診断すると発見しやすいことが多いです。


私は20代の終わり頃に初めてパーソナルカラー診断を受けたのですが、それまで私が着ていた服の色と、似合うと言われた服の色がまったく違っていたことにとても驚きました。ＯＬをしていた私がいつも着ていたのは、黒、紺、グレー、ベージュ、茶色。いつもベーシックカラーばかりを着ていました。そういう色を着ることでお洒落に見えるんだと思い込んでいました。私は20代の頃、あまり自分のファッションを人から褒められることがありませんでした。自分はセンスがないんだ、となかば諦めていて、内面の充実が大切なんだとうそぶいていました。

ある日、生まれて初めてパーソナルカラー診断を受けて、自分の似合う色を診断してもらいました。似合う、と言われた色はピンク、水色、ラベンダーなどでした。びっくりです。ピンクなんて着たことがありません。あまりにかわいらしい色で気恥ずかしいような気がして手が伸びることのない色だったのです。それでも「似合う」と言われたことが嬉しくて、思いきって挑戦してみることにしました。

いつもの黒のスーツに、ピンクのタートルのセーターを中に着て会社へ行きました。

恥ずかしさでいっぱいです。

当時私は100人くらいの若い男女が働く職場に居たのですが、その一日で7～8人の人に褒めてもらいました。

「あれっ、今日はなんか違うね」、「そのピンクの服かわいい！　どこで買ったんですか?」、「今日かわいいね、もしかしてデート?」……これまでまったくといっていいほど褒められなかった私が、たった一日で何人もの人に褒められたのです。外見を褒められるというのは嬉しいものですね。「見てるよ」、「好感をもったよ」と言われているような気がして、大げさに言うと存在を肯定してもらったような気分になって、静かな快哉《かいさい》がじんわり私の心の奥から聞こえてくるようでした。

それ以来、はりきって似合うといわれた色の服を着るようにしていきました。水色やラベンダーなども似合うと言われたのでセーターやブラウスを買い込んで。

数週間経った頃、言われる台詞が変わってきました。最初のうちはその服自体を褒めてもらっていたのに、そのうち、「最近楽しそうだね」、「キラキラしてきたね」というように服ではなく内側から内発的に輝く光のようなものを褒められるようになっていったのです。

「似合う色を着て嬉しい気持ち」と「似合う色が引き出す輝く表情」が相乗効果となったのでしょう。深い確かな自信のようなものが自分の内側から湧き起こるような気持ちになったことを憶えています。

私はよく講座の中で、「似合う色を着ることはその人の人生を変えます」と申し上げています。

パーソナルカラー診断をするときには、私の場合は120枚の布をお客様の首元に当てさせていただいて、一枚ずつめくっていきます。めくるたびに、これはもちろん目の錯覚なのですが、お客様のお顔が明るくなったり、暗くなったり、口角が上がったり、下がったり、目の下のクマが濃くなったり、薄くなったりなど、顔の表情が変化したようにみえます。じっくりチェックをしながらその変化を見て、120枚のうち、もっともお似合いの色を探していきます。

診断した結果、そのお客様がいつもよく着ていた色が似合う色だった、というケースと、いつもよく着ていた色とは全然違う色がお似合いだった、というケースがあります。

たとえばいつもは黒をよく着ている人が、実は明るいパステルカラーがお似合いだったというケースがあるわけです。

黒の布を首元にあてると、お客様は「そうそう、いつもこんな感じなの」とおっしゃいますが、私から見ると、お客様のお顔が全体に翳ったようになり、表情が暗く、口角が下がり、頬も下がったように見えています。「もう少しお似合いの色があると思うのでめくっていきましょう」と診断を続けます。そうすると、パステルカラーの布を当てたときに、まったく違う表情があらわれるのです。肌が白く、頬がバラ色で、瞳が輝き、お顔がきゅっとしまってフェイスラインがくっきりとして、髪の毛もツヤツヤした美しい表情になります。先ほどの黒い布とパステルカラーを交互にめくり、お客様にそのお顔の見え方の変化を認識していただきます。皆さんここでとてもびっくりします。「全然違う！　顔の明るさが！　目の大きさまで違う！クマがなくなった！」と。私はこの最高に素晴らしい表情がお客様の本来のお顔だと思うので、ぜひ首元にお似合いの色をもってくることをおすすめします。そうすると常にその表情のままでいられるからです。

「これまでは何だったんだろう……」とおっしゃるお客様もいます。「黒ばっかり着て、険しい表情で、いつも疲れてるって言われて、本当はこんな明るい表情になることができたのね。色ってすごいんですね……」と。

何色を着るかということには、理由があります。きっとこれまでは黒をまとうことが必要だったのでしょう。もしかしたら責任感などにより、黒い鎧のような衣装をまとって、がんばってこられたのかもしれません。

「そういえば、母親には、あんたは明るい色が似合う、って小さい頃から言われていました。パステルカラーが着たくて、買ってみたこともあったんですけど、なんだか恥ずかしくて、合っているかどうか自信もないのであまり着ていませんでした。でもこれからは教えてもらった色を着ればいいので、安心です。さっそく買いに行ってみます。私、パステルカラー着てもいいんですね……」、お客様は脳裏にすでに新しい自分をイメージしてわくわくされています。

これまでの自分の衣装を脱いで、本来の美しい自分として生きていくような、パーソナルカラーはそんな大切なスタートとなることがあります。

似合う色が人生を変える、というのは大げさな言い方ではなく、本当に人生が変わっていく人が実際にたくさんいらっしゃいます。

パーソナルカラー診断を受けなくても、自分の似合う色を知る方法があります。

普段からいろんな色の服を着ることです。

自分でいつも買い物をしているうちに、いつのまにか買う色の色域が固定されてきます。そうすると周りはその色域を着ているその人を、その色のイメージで見るようになるのです。これをあえて壊します。これまでにまったく着たことのないような色をどんどん着るようにしてみるのです。明るい色、暗い色、暖色、寒色、ビビッドな色、モノトーン、濁った色、ぼんやりした色、薄い色、濃い色……、とにかくいろいろな色を着るようにしてみます。

似合う色というのは客観的なものなので、本人はどうしても主観が邪魔をしてしまい、本人の好みではない色を褒められると「分かってくれてないなあ」と感じたり、気に入っている服を褒められなかった場合には、「この服高かったのに」というように主観的な意見をもってしまうので、本人が判断するのはとても難しいのです。

いろいろな色の服を着るようになると、それぞれの色に対して周りから反応があります。それらに対して感情的になったり、一喜一憂せずに、データだけを淡々と集めるように情報収集するのです。自分はどのような色のときにいつも「元気そうだね」、「今日の服いいね」などと外見を褒められるのか、逆にどんな色のときに「疲れてる?」、「元気ないね」などと言われるか……。一定期間観察してみると傾向があることが分かってきます。評判のいい色のパターンが見えてきます。「似合う色」

効果的です！

を知るのは自分ひとりで考えるよりも、このような客観的な他者目線を使うことが効果的です！

お洋服を買いに行ったら、店員さんにたくさん相談して、一番、「似合いますね！」と絶賛された服を買ってきてください。たとえ自分のクローゼットにはこれまでありえなかったような色の服だとしても、ぜひチャレンジしてみてください。

その服は「絶賛つきの服」です。その服を着るたび、ファンファーレが鳴り、紙ふぶきが舞い、感動的な音楽が流れるのです。そしてそれが、本来の自分の姿なのです。

似合う色は、その方の一番素晴らしい表情を引き出します。

その人にしかない個性が輝きます。

その輝きには、周りの人までが嬉しくなります。

似合う色で一隅を照らす、という方法もあるのです。

自分の色～塗り絵でチェック～

「好きな色」、「嫌いな色」は自分に問いかけてみると分かります。「似合う色」に関しては、自分自身では分かりづらいことが多いので、他者に聞くことやいろいろな色を着て評判を確かめることでだんだん理解していくことができます。「気になる色」はそのときどきで変化するので、常日頃から問いかける習慣をつけておくことでウォッチできます。

それでも明らかにならないのが「自分の色」です。「自分の性格をあらわす色」、「自分の本質の色」、「自分の魂の色」といったほうがよりよいかもしれません。自分の内側にあるこの真の自分の色を知ることで、自分のことを客観視できたり、自分の取扱説明書が手に入ったかのように行動パターンや気質や性格を知ることができます。

この「自分の色」を知る方法として本書では二つの方法を用意しました。

まずは「塗り絵によってチェックする」という方法です。

塗り絵というのはとても奥深いもので、面白い結果が得られるものです。

ときどき私の講座でも、生徒さんに「塗り絵」をやっていただくことがあります。

「ああ！　子どもの塗り絵！」

「最近は大人用の塗り絵もあるみたいだけど、女性が趣味でやるのかな……」

それだけではありません！

私は、ときどき出張先のホテルでひとり塗り絵をしたりすることがあります。

忙しい分刻みの日にこそ、精神統一をし、効率を高めるため、逆にわざと10分つくって塗り絵をすることもあります。

自分の心の中に、深い悲しみや強い怒りが起こったときに、気持ちを楽にしたくて塗り絵をすることもあります。複雑な塗り絵でなくてもいいのです。

白い紙に、大きく丸を書いて、その内側をキレイに塗るだけでもＯＫ。色はそのときの気分で……疲れていたらグリーンとか。気持ちを上げたいからオレンジとか……、塗った色に正解、不正解はないので、なんとなく思いつきで選びます。Ａ４の真ん中にフリーハンドで書いた大きな丸だったら、数分くらいで塗りつぶし終わるでしょう。サイズ、図柄すべて自由です。「塗る」という行為は、まるで自分から色が出て行くような感覚……デトックスのようなものです。そのために塗り終わるとてもすっきりします。

塗るために使う色材は塗料、染料、顔料いろいろあります。パステルを指で伸ばす、水彩絵の具を絵筆で、色えんぴつで細かく丁寧に、マジックペンで大胆に、などいろいろあります。何でもOKです！　なんとなく塗りたいと思う色を選ぶ→無心になって塗る！（これが大切です）→ココロすっきり！という感じの流れです。

この場合、どんな塗り絵ができあがるか、という完成図よりも、「塗る時間」が主役です。塗りあがったものが気に入れば、ちょっと壁に貼っておいてもいいし、気に入らなければ処分すればいいのです。

「塗り絵」とまでもいかない、この数分でできる「色塗り」ですが、普段、自分の感情をコントロールするのにとても役立ちます。感情を抱え込むよりは、数分使って出してしまったほうがすっきりします。自分の心をいつも透明に美しく保つために、色を道具として使うのです。塗り絵は手段です！　時間をつくって、色を塗る行為をやってみてください！　こういうことかぁ、と感覚的に理解していただけると思います。

【色の三重丸でチェックする】

自分を知るとても簡単な塗り絵の方法がありますので一つ紹介します。

「色の三重丸」です。

白い紙を用意してみてください。

そこにボールペンでも鉛筆でもいいので、大きめの丸を描いてみてください。

その内側に、中くらいの丸を描いてみてください。

さらにその内側に、小さい丸を描いてみてください。

三重丸が描かれていればＯＫです。

色えんぴつを用意してください。（クレヨンなど画材は何でもＯＫです）

この三重丸を自分だと思って塗ってみて下さい。

ルールはありません。自由になんとなく。気楽にのんびりと。

塗り終わりましたか？

3つの輪がつくるそれぞれのエリアに、色が塗られているのではないかと思います。同じ色ですべてを塗りつぶした方、色分けをした方などさまざまでしょう。外側と、2番目と、中心の丸と、3色が塗られているのではないかと思います。

外側の色は、世間に見せているあなたのイメージです。あなたが社会的につくっているイメージの色が塗られているでしょう。

2番目の色は、親しい人や仲間に見せる顔です。

あなたと仲の良い人たちは、この色のイメージを、あなたの素顔だと認識しています。

3番目の色は、本当のあなたの色です。外に表現するかしないかは別として、あなたの本質がそこに現れます。

たとえば一番外側が青で、2番目が緑で、真ん中が赤だとしたら、「みんなからはさわやかな二枚目の青レンジャーだと思われているけど、実は平和主義の気遣いさんで仲間をいつもフォローしていて、でも本質は燃えるものをもっている……」

みたいな感じです。

一番真ん中の色を見てみてください。なんとなく、自分っぽくありませんか？　その自分を外へ少し表現してみましょう。たとえば服の色として着てみるのです。他者評価が変わります。他者評価と自己認識が近づきます。これは本人にとってもとても幸せなことです。

具体的にどの色がどんなキャラクターを表現しているのかは、次のページのチェック項目からご理解ください。

自分の色～キャラクター別タイプで知る

それでは自分の色を知る方法をもう一つご紹介します。

次のチェック項目にお答えいただき、もっともチェックの数が多かったものが自分の色である、というものです。

色にはキャラクター性があるため、当てはまるものが多いかどうかで自分が何色タイプに近いのかを知ることができます。

自分のキャラクターを知ると、チームにおいてどのように貢献できるかが分かり、また自分自身の取り扱い方が客観的に理解できます。

さっそくチェックしてみましょう！　一番チェック項目の数が多かった色のキャラクターが強いことになります。当てはまるものをチェックしてみましょう！

●あなたの赤色度チェック

□スポーツ観戦をよくする
□手元に来た請求書はすぐに払う
□戦争映画を見るのが好き
□後輩には食事をおごる
□親孝行の時間を大事にしている
□赤信号は渡らない
□靴はピカピカに磨いてある

□物を大事にする
□リーダー役をやることが多い
□弟分、妹分が寄って来る
□動物をかわいがる
□神社よりお墓参りに行くほうだ
□日本史が好きだ
□お城が好きだ
□皆でドライブするときは自分が運転手になることが多い
□ときどきケンカしてしまう
□新しくてより良いものに改まるなら、リスクがあってもやる
□何の変化も起こらない平和な日々は苦手
□ライバルを倒し、勝ち進みたい
□人には「強さ」が絶対必要だと思う

いかがでしたか？

全部で20個の項目のうち、14個以上当てはまったら、赤い性格が強いです。

【赤が多い人】

◎向いている仕事…リーダー、指導者、経営者、新規開拓など

◎大事にしていること…愛国、郷土愛、責任、親子、挑戦、お金、物質

【赤が多すぎるとき】イライラ、テンパる、がんばりすぎる、悔しさ、怒り……など、赤が多すぎるときは「補色の緑」を見るようにしましょう。緑色は心身をリラックスさせます。

【赤が足りない方は……】チェックが6個以下なら少し赤が足りないかもしれません。赤を見るようにしましょう!

●あなたのオレンジ色度チェック

□プレゼントを贈るのが好き

□幹事さんになることが多い

□司会役になることが多い

□カラオケでは、タンバリン片手に盛り上げ役をやる
□携帯電話が手元にないと落ち着かない
□舌が肥えていてお店とかに詳しい
□ショッピング大好き。ついつい流行の服を買ってしまう
□友達を大事にする
□サプライズ大好き
□家にみんなを呼んでおもてなしするのが好き
□旅行やコンサートなどの予定がびっしり
□すっぴんやジャージ姿では外出できない
□お祭りが好きだ
□エンターテインメントが好き
□人を笑わせるのが好き
□人を喜ばせるのが好き
□ピエロのように、笑わせ役に徹しているときもある
□誰かを誰かに紹介したい、つなげたい

□時々は贅沢をして美味しいものを食べるべきだと思う
□人には「笑顔」が絶対必要だと思う

いかがでしたか?
全部で20個の項目のうち、14個以上当てはまったら、オレンジの性格が強いです。

【オレンジが多い人】
◎向いている仕事…外回り、営業、人脈構築、ネットワークづくり、店舗勤務など
◎大事にしていること…友人、社交、コミュニティー、人脈、感情、喜び、味わい、お洒落、笑顔。
【オレンジが多すぎるとき】遊び過ぎ、お出かけ過ぎ、享楽的、快楽主義、今日が楽しければいい、……など、オレンジが多すぎるときは「補色の青」を見るようにしましょう。ブルーは行動を落ち着かせ、自分を省みる色です。
【オレンジが足りない方は……】チェックが6個以下なら少しオレンジが足りないかもしれません。もっとオレンジ色のものを見るようにしましょう!

●あなたの黄色度チェック

□好奇心旺盛の知りたがり屋さん
□新聞、テレビ、ラジオ、ネットが見られない、つながらない状態は落ち着かない
□いきなり行動はしません。まずは作戦！
□新発売、新製品は、つい買ってしまいます
□噂話、個人情報、実はかなり知っています
□旅行は、行く前のリサーチしてるときが一番楽しい
□コレクションしているものがある
□数字に強い
□個人行動が好き
□個室が好き
□困ったときは周囲に甘える
□どちらかというと、いじめっ子タイプ
□とっても理論的
□トリックのあるミステリーが好き

□やりたくないときは「やだ」と言える
□授業中よく当てられたり、街で道を聞かれたりする
□孤独好きの、淋しがり屋
□弁論上手
□人を幸せにしたいなら、まず自分が満たされていることが大切だと思う
□人には「知力」が絶対必要だと思う

いかがでしたか？
全部で20個の項目のうち、14個以上当てはまったら、黄色の性格が強いです。

【黄色が多い人】
◎向いている仕事……在宅ワーク、自営、個人事業主、企画者、戦略家、軍司、参謀、コンサルタントなど
◎大事にしていること……情報、知識、知恵、学び、計画、戦略、好奇心、個、自律、自立。

【黄色が多すぎるとき】　わがまま過ぎ、我が強すぎ、策に走りすぎ、頭使いすぎ、

狡猾、エゴイスト……など、黄色が多すぎるときは「補色の青紫」を見るようにしましょう。青紫は、感性を研ぎ澄ませ、頭をからっぽにして瞑想的になれる色です。

【黄色が足りない方は……】黄色が6個以下なら少し黄色が足りないかもしれません。もっと黄色のものを見るようにしましょう！

●あなたの緑色度チェック

□自然食品が好き
□ナチュラルメイクが好き
□ナチュラルファッションが好き
□地球に優しいものが好き
□とにかく自然や地球そのものが大好き！
□皆のことが好き
□ケンカは見たくない
□平和が好き

□けっこうお人よし
□ひそかに人に気を使っている
□集合写真を撮りたがる
□お礼状を書くのが好きだし、大事だと思う
□困っている人を見ると、親切にせずにいられない
□一緒にご飯を食べた帰り道、相手の携帯にお礼メールをする
□電話を切るのが苦手
□用事を断るのが苦手
□団体行動大好き
□協調性は社会人としてとても大切なスキルだと思う
□勝ちや負けより、「引き分け」が好き
□人には「優しさ」が絶対必要だと思う

いかがでしたか？
全部で20個の項目のうち、14個以上当てはまったら、緑の性格が強いです。

【緑が多い人】
◎向いている仕事……スタッフ、総務、サポート業務、誰かを助ける仕事、調和をつくる仕事、環境を整える仕事など
◎大事にしていること……平和、調和、バランス、愛、絆、人間関係、雰囲気、空気、和、優しさ、居心地、癒し。
【緑が多すぎるとき】優柔不断、弱気、平凡すぎる、個性がなさすぎる、意見をまったく言えない、人の顔色を気にしすぎ……など、緑が多すぎるときは「補色の赤」を見るようにしましょう。赤は、自分のなかに隠れていた野性的なエネルギーを刺激し、主義主張を強く持って立ち上がれるパワフルな色です。

【緑が足りない方は……】緑が6個以下なら少し緑が足りないかもしれません。もっと緑のものを見るようにしましょう！

●あなたの青色度チェック

□どちらかというと無口

□どちらかというと受身
□携帯メールの絵文字が少ない
□電話よりメールのほうがコミュニケーションしやすい
□大人数の飲み会は疲れる
□本を読むのが好き
□映画を見るのが好き
□つらいとき、海へクルマを走らせる
□テンション高い人は苦手
□会議などで盛り上がったところで正論を言って盛り下げてしまう
□えこひいきが嫌い
□上司にヘコヘコせず、部下にいばらない
□パソコンに向かうと時間を忘れる
□アイロンがけや封入作業など集中力が必要な単純作業が好き
□空の写メを撮ったことがある
□球技などチームでやるスポーツよりも、陸上などの個人競技が好き

□頭の中では常に考え事が展開されている
□普通に世界平和を毎日願っている
□感情表現が少なく、テンションはいつも低め安定型
□ひとりでゴハンを食べにいける

いかがでしたか？
全部で20個の項目のうち、14個以上当てはまったら、青の性格が強いです。

【青が多い人】
◎向いている仕事……事務、デザイン、細かい作業など精神的な安定と集中力が求められるような仕事。個人で完結する仕事。看護師、ボランティアなど博愛の心が必要な仕事。
◎大事にしていること……平静、平安、秩序、博愛、公平、平等、規律、精神性、熟考、慎重、広大、高尚。
【青が多すぎるとき】冷血、冷淡、冷酷、非活動的、無口、無反応、非感情的、リアクションが悪い、テンションが低い、情けが感じられない、お愛想やおべっかがなさすぎる、

固い、厳しすぎる、遊びがない、暖かさが感じられない。青が多すぎるときは「補色のオレンジ」を見るようにしましょう。オレンジは感情豊かでサービス精神たっぷりの色！　ホットでポジティブで楽しい気持ちになれる色です。

【青が足りない方は……】青が6個以下なら少し青が足りないかもしれません。もっと青空など青いものを見るようにしましょう！

●あなたの藍色度チェック

□一人が好き
□人里離れたところでぼんやりしたい
□理屈より直感で動くタイプ
□本当は超能力が使えるような気がする
□ＵＦＯに興味がある
□宇宙の果てがどうなっているかについてときどき考えている
□人が気づかないことに気づく
□人が聴こえないものが聴こえる

□落ち込むときは、すごく深いところまで落ち込む
□小さいころ、トランプの「神経衰弱」が得意だった
□電話が鳴る前は空気で分かる
□相手が嘘をついたら空気で分かる
□夜空が好き
□財産や地位などにあまり興味がない
□仙人に憧れたことがある
□頭の中にあるひらめきが「降りてくる」ことがある
□社会生活が億劫に感じられることがある
□織田信長より千利休派
□待ち合わせしなくても会える人には会えると思う
□予知能力があると思う

いかがでしたか？
全部で20個の項目のうち、14個以上当てはまったら、藍色の性格が強いです。

【藍色が多い人】
◎向いている仕事……デザイン、コピーライターなど、ひらめきや感性、時代をよむ能力などが大切な仕事。研究や専門職など、鋭い探求が必要な仕事。コーチやトレーナーなど、人を導き伸ばす仕事。
◎大事にしていること……深淵、熟慮、感性、宇宙、俯瞰、瞬間、右脳、流れ、魂、本質、自然体、真実。
【藍色が多すぎるとき】非社会的、冷血、冷淡、冷酷、非活動的、直感のみに頼りすぎ、数字や理屈から離れすぎ。藍色が多すぎるときは「補色の山吹色（ゴールド）」を見るようにしましょう。山吹色（ゴールド）は理論的で数学的、地上の実り、豊かさを享受する色です。

【藍色が足りない方は……】藍色が6個以下なら少し藍色が足りないかもしれません。もっと夜空や藍染めの布など深い藍色を見るようにしましょう！

●あなたの紫色度チェック

□異性は見た目で好きになる
□ファッションセンスのいい人を無条件に尊敬する
□アメリカ映画よりヨーロッパの映画が好き
□生まれてきた時代を間違えた気がする
□本当は自分は天才だと思う
□自画像を描いたことがある
□ドキュメンタリーよりファンタジーが好き
□宗教心が強いと思う
□大衆文化はあまり好きじゃない
□そんな服、どこで売ってるの？　と聞かれる
□団体行動は苦手
□美しいものが好き
□詩を書いたことがある
□数学や物理はロマンチックな学問だと思う

□マニュアル的なことよりも創作的なことが好き
□少数派であることが多い
□出世や金銭に興味がない
□人生や住む土地を決めてしまいたくない
□自由人でいたい
□妥協が苦手で完璧主義だと思う

いかがでしたか？
全部で20個の項目のうち、14個以上当てはまったら紫色の性格が強いです。

【紫色が多い人】
◎向いている仕事……ゼロから何かを作り出すような、独創性、発想力、想像力が求められる仕事。最初から最後まで自分ひとりでやりとげるような完結型の仕事。美的センスや鋭い感性が求められるクリエイティブな仕事。
◎大事にしていること……希少、非凡、創造性、高尚、昇華、美的、個性的、高貴、鋭敏、完全、古典、神聖

【紫色が多すぎるとき】 地に足がついていない、ふわふわしている、現実から逃避している、義務や責任を全うしていない、非現実的なものを追いかける、目に見えないものを大切にしすぎる。紫色が多すぎるときは「補色の黄色」を見るようにしましょう。黄色は己、自我の色であり、妄想ではなく現実的に人生のハンドルをしっかり握り自己操縦感をもてる色です。自信やプライドを強化します。また、情報や戦略をも意味します。

【紫色が足りない方は……】 紫が6個以下なら少し紫色が足りないかもしれません。もっと紫色の花や和小物など、紫色を見るようにしましょう。

●あなたのピンク色度チェック

□ピリピリした空気は嫌い
□誰かの笑顔が見たいからがんばる
□会社にお菓子を買っていってみんなに配ったりする
□ほめられて伸びるタイプ

□愛がないと生きていけないと思う
□何かしてもらったら返すべきだと思う
□たとえ成果が出て、お金があっても、愛が感じられないと何か違うと思う
□人という字は二人の人が支え合っている、という話が好き
□お花やお菓子などのプチギフトは人生の潤滑油だと思う
□子犬や子猫をみるとキュンとなる
□風邪をひいてだれかに看病されているとき幸せを感じる
□お年寄りに席を譲る
□困っている人は放っておけない
□人の本当の強さは「優しさ」だと思う
□争いごとのない楽園に憧れる
□寂しくて悲しくなることがある
□実は自宅にぬいぐるみがある
□キャラクターもののグッズが好き
□小さいものが無性に好き

□優しくしてほしくてわがままを言うことがある

いかがでしたか？

全部で20個の項目のうち、14個以上当てはまったらピンク色の性格が強いです。

【ピンク色が多い人】

◎向いている仕事……ホスピタリティが求められる仕事、優しい笑顔が評価を得る仕事、尽くすことで喜ばれる仕事。女性が多い職場。

◎大事にしていること……笑顔、愛、優しさ、思いやり、気遣い、癒し、安心、女性的、母性、保障、相互、援助、奉仕、許し。

【ピンク色が多すぎるとき】甘えたい気持ちが強い。依存心、依頼心が強い。見返りを求めすぎる。愛情を押し付ける。考え方が甘く自分自身を甘やかしている。自己犠牲が強い。ピンク色が多すぎるときは「補色の黄緑」を見るようにしましょう。生まれたばかりの葉っぱのように、太陽に自らむかいすくすくと成長できる色です。光を求めるように真の人間関係を求めていく色です。

【ピンク色が足りない方は……】ピンクが6個以下なら少しピンク色が足りないか

もしれません。もっとお花や小物やスウィーツなどでピンク色を見るようにしましょう。

●あなたの白色度チェック

□お洗濯が好き
□お掃除が好き
□はきものをそろえる
□古着や古本はあまり好きじゃない、新品が好き
□完全なる美を求めたい
□不明なことは一点の曇りもなく明らかにしたい
□さわやかな挨拶が大切だと思う
□はきはきと話すことが大切だと思う
□YESかNOかわからないあいまいな態度はよくないと思う
□最も失ってはいけないものは「礼」だと思う
□無機質でシンプルなデザインが好き

□ごてごて過剰に飾りすぎなのは苦手
□「空間」や「余白」に価値を感じる
□あまり上手くいかないときはリセットボタンを押して最初からやり直したい
□くよくよいつまでも引きずらない
□「式典」や「まつりごと」がなんとなく好き
□筆ペンが好き
□お寿司やさんに粋を感じる
□忘れっぽい
□筆記用具にこだわりがあり、同じメーカーのものを使う

いかがでしたか？
全部で20個の項目のうち、14個以上当てはまったら白の性格が強いです。

【白が多い人】
◎向いている仕事……食べ物や精密機械を扱うような、清潔感、完璧主義が求められる仕事。教師や牧師など聖職とされる式を取り持ち礼を伝える仕事。

◎大事にしていること……完璧、清潔感、完全、空間、余白、シンプル、単純、明白、整然、浄化、無機質、礼儀、形式、無垢、公。

【白が多すぎるとき】あいまいさを許さない、雑然としている混沌の状態を受け入れられない、潔癖、緊張、俗っぽさに迎合できない。白が多すぎるときは「茶色や濁色などの中間色」を見るようにしましょう。いろいろな色が渾然一体となった中間色は、何色ともいえない曖昧で微妙な美しさをもちます。

【白が足りない方は……】白が6個以下なら少し白が足りないかもしれません。もっとワイシャツやお豆腐などで白を見るようにしましょう。

●あなたの黒色度チェック

□ジョギングが好き
□自分を律することが好き
□修業が好き
□筋トレが好き
□追い詰められるとはりきるタイプ

□寡黙な人はカッコイイと思う
□ヘラヘラした軽いタイプの人は苦手
□偉業は一朝一夕には為し得ない、継続こそが力になると思う
□口が重い
□腰が重い
□貫禄があると言われる
□子供の頃から「大人っぽいね」と言われてきた
□要領のいいタイプではない
□書道、弓道など「道」がつく習い事をしていた
□熟成されたウィスキーや年代モノのワインなど、時を経て価値が高まったものが好き
□ポジティブシンキングの風潮に同調できない
□見えないところでの努力は絶対に必要
□クルマ、バッグ、時計、万年筆などにこだわりのブランドがある
□ギャグをあまり言わない

□100円ショップでは買い物しない

いかがでしたか?

全部で20個の項目のうち、14個以上当てはまったら黒の性格が強いです。

【黒が多い人】

◎向いている仕事……職人気質が求められるような仕事、集中力をもって本物を作り上げるような仕事、大物感が大切な場面のある仕事など。

◎大事にしていること……職人、こだわり、本格、熟成、吟醸、鋼鉄、忍耐、鍛錬、追及、徹頭徹尾、本物、高級、比重、重厚、円熟。

【黒が多すぎるとき】軽快さがない、フットワークが悪い、重々しく受け止める、深く考えすぎる、時間をかける、チープをよしとしない、遊びがない。黒が多すぎるときは「パステルカラー」を見るようにしましょう。軽くてふんわりしたパステルカラーは黒の持つ重々しさと対極にある、軽さ、やわらかさ、優しさ、幸福感などを味わわせてくれます。

【黒が足りない方は……】黒が6個以下なら少し黒が足りないかもしれません。もっと靴や皮小物、夜の闇（夜空）などで黒を補給してみましょう。

●あなたの茶色度チェック

□自然食品が好き
□自然派化粧品が好き
□ログハウスが好き
□海より山が好き
□古着やビンテージが好き
□ベンツよりジープが好き
□今流行りのカラフルなバッグよりヴィトンやエルメスのバッグが安心する
□部屋着にこだわりがある
□煮物が好き
□大人は安定感が必要だと思う
□挑戦もほどほどにしないと落ち着きがないと感じる

□長年の習慣を壊すのは苦手
□家庭菜園に興味がある
□プラスチックよりも木や石など自然の素材が好き
□変化を嫌う
□コーヒーが好き
□いいものを手入れして長く着るのが好き
□日曜日はメンテナンスデー
□お店や服などは「格式」で選ぶ
□陶芸に興味がある

いかがでしたか?
全部で20個の項目のうち、14個以上当てはまったら茶色の性格が強いです。

【茶色が多い人】
◎向いている仕事……伝統を守る仕事、変わらず同じ品質を提供しつづける仕事、自然の素晴らしさを伝える仕事、旧き良きものを残す仕事、歴史と対話する仕事。

◎大事にしていること……伝統、保守的、いにしえ、格式、本物、上質、名門、安定、味わい深い、味のある、生粋、安心、回帰、太古、年輪。

【茶色が多すぎるとき】都会的でない、未来的でない、のんびりしすぎ、腰が重すぎ、臨機応変に変化に対応できない、昔のやりかたにこだわってしまう。茶色が多すぎるときは「透明」を見るようにしましょう。クリアで透明な水やガラス小物など、未来的で都会的、透明感のあるすっきりした世界は、気持ちもクリアになります。

【茶色が足りない方は……】茶色が6個以下なら少し茶色が足りないかもしれません。もっと木や土や皮製品や焼き物で茶色を補給してみましょう。

●あなたのグレー度チェック

□アウトドアは苦手
□都会が好き
□曲線より直線のデザインが好き
□シンプルなものが好き
□派手派手しいものは苦手

□沈黙は金なりと思う
□自己主張の強い人は苦手
□服は色彩よりも素材が大切
□侘び寂びの世界に憧れる
□あまり人から注目されたくない
□服よりもインテリアにお金をかけたい
□繊細なものが好き
□古代より未来に興味がある
□チェックや水玉よりストライプが好き
□イエス、ノーをはっきり求められると困る
□曖昧の美ってあると思う
□あまりミーハーではなく、世の中の出来事に無関心のほうだ
□人付き合いが億劫に感じることがある
□パソコンなど機械に向かう時間が好き
□控えめな性格だ

いかがでしたか？

全部で20個の項目のうち、14個以上当てはまったらグレーの性格が強いです。

【グレーが多い人】

◎向いている仕事……前面に出ない仕事、顔を出さない仕事、繊細さが求められる仕事、洗練された都会的感性が必要な仕事、スマートさが求められる場面の多い仕事。

◎大事にしていること……抑制、地味、貞淑、ストイック、仄か、洗練、混沌、曖昧、侘び寂び、スマート、都会的、シャープ、スタイリッシュ、静寂、内省。

【グレーが多すぎるとき】有機的でない、シンプルすぎて情緒的でない、人間味がない、情熱的でない、イキイキとしたエネルギーが感じられない。グレーが多すぎるときは「鮮やかなビビッドカラー」を見るようにしましょう。真っ赤や真っ青、鮮やかなオレンジやグリーンなど生気に満ちたパワフルな色彩を見ると、自分のエネルギー値も高まってきます！

【グレーが足りない方は……】グレーが6個以下なら少しグレーが足りないかもしれません。もっとグレーの服や石や鉄製の小物などでグレーを補給してみましょう。

第四章

色を実践する

なぜ色が人生を幸せにする道具として使えるのか

第四章では、いよいよ人生が輝き始める「色の実践方法」についてお伝えいたします。

この本は「実践する色彩学」ですが、色彩学は知識として知っているだけでもとても楽しくて知的好奇心が満たされるものなのですが、色というものは親しくつきあって使ったときにものすごい効果を発揮するものなのです。野球のバットについて、重さや形、素材や歴史について詳しく知ることも楽しいでしょうが、びゅんと振ってホームランを打てたときの「このバットすごいな！」と感じる気持ち、お気に入りのバットが見つかってしょっちゅう使っているバットと自分の相性や親近感、これが「実践」なのではないかと私は思います。

日常生活こそが本番です。
人生は、日常生活の集合体です。
日々の日常生活で、色をどう使うかで、脳への刺激が変わり、筋肉の硬さが変わり、気分や感情が変わり、時間の流れが変わり、発想が変わり、自分が変わり、人生が変わるのではないかと私は思います。

私が皆さんに色の活用をおすすめするのは、野球少年に、「このバット使ってごらん！　すごいから！　振ってみたら分かるから！」と伝えるのと同じような気持ちです。

美味しいケーキがあったとします。

そのケーキについて、パティシエが誰で、どんなストーリーがあって、糖分やカロリーはどれくらいで、どんなショップで何円で売られているかを知ることも面白いかもしれませんが、そのケーキの一番の楽しみ方は「食べること」ではないでしょうか。

色もそうなのです！

色の醍醐味は見ること、感じること、実践すること！

そして色を見たあとに自分に起こること……。

ここまで経験して初めて色のすごさを知ることになります。ぜひ経験していただきたい喜びです。

ではなぜ色にそのような力があるのか……。

色は目から入ってくる知覚刺激であることは、すでに説明したとおりです。人の脳は外界から入ってくる情報に反応します。その精度たるや大変優秀でミスがありません。脳は否定語も受け付けず、文章の中の一部分の単語にまで確実に反応します。このことをご理解いただくために、ちょっと実験をしてみましょう。

皆さん、今からレモンを想像しないでください。

かりっとかじるととても酸っぱいレモンを、絶対に想像しないでください。

……いかがですか？　口の中に唾液が出てきませんでしたか？

これが脳のすごさです。入ってきた情報をひとつ残らず処理しているのです。

ではどこからそれらの情報が入ってくるかというと、私たちは五感を通して外部情報を入手しています。五感というと、視覚、聴覚、嗅覚、触覚、味覚です。それらのうちの実に9割が視覚情報です。さらには視覚情報のうちの8割が色彩情報だといわれています。入力された情報に脳が反応しているのであれば、「何色が視界に入っているか」は重大問題です！

何色を見ているかで、人生が変わるのです。

それであれば、ぜひ自分の意志で、いい色を入力したいものです。

自分の意志で選べばよいのです。

能動的に色とつきあえばよいのです。

かのマザーテレサはこんな言葉を残しています。

「私は平和集会には行くけれど、反戦集会には行かないのよ」

この言葉を初めて聞いたとき、私にはその意味がピンときませんでした。

でも脳のすごさについての勉強を、私の師であるブレーン（脳）トレーニングの第一人者、西田文郎先生から学んだとき、納得がいったのです。

反戦集会も平和集会も、コンセプトはよく似ています。願う心は一緒でしょう。けれども内容は多分違います。

反戦集会に行けば、そこではきっと戦争の映像を流し、こういうことはよくない、繰り返すべきでない、というようなお話があるでしょう。戦争の犠牲者を肉親にもつ人が、悲惨な経験をシェアしてくださるかもしれません。ボロボロの軍旗や軍服が陳列されたり、武器の恐ろしさの説明があったりするでしょう。

一方平和集会はいかがでしょう。平和とは素晴らしいということを伝える映像が流れ、平和の象徴を子供たちが歌い、鳩が飛び、鐘が鳴り、自然の美しさや人々の笑顔を伝えるパネルが飾られているかもしれません。

いずれの場合も願いは同じ。でも脳へ入力される情報はまったく反対です。

これを自分の日常生活に置き換えた場合、反戦集会のような生活を送っているのか、平和集会のような生活を送っているのかで、その人物の脳へ入力される情報が真逆なために、その人本人の性格や行動、つまり出力に違いが出ます。

これから、色彩学の実践方法をいろいろお伝えしていきます。その中には、私が色彩学以外に学んでおり、人生に生かしている分野も掛け合わされて登場します。師と仰ぐ、ドラッカー研究家の佐藤等先生と、ブレーン（脳）トレーニングの第一人者西田文郎先生からの学びは、人生を輝かせるヒントがたくさんあるので、私はこれに色彩学をプラスして日々実践をしています。この章でも両師匠から学んだことが色彩学にプラスされて出てきます。

圧倒的な情報量をもつ「色彩情報」を、自分の意志でコントロールし、良い色を入力して生きるのか、またはただ入ってくるままに色彩情報について無防備で暮らすのか、その差がいかに大きいかを皆様に強くお伝えしたいと思います。色は人の「快」「不快」に影響を及ぼします。好きな色、心地よい色、楽しい色、落ち着く色……、ＴＰＯによって欲しい色はさまざまでしょうが、いずれにしてもそのとき脳が「快」を感じる色彩をいつも選ぶことができたなら、皆さんの脳にどんどん「快」の刺激をもった情報が入力されることになります。

人生は、感情だともいいます。

どんな気分で暮らしているか。その総体が人生であり、その結果が現実なのだとするならば、自分で軌道修正可能だといえます。

意志があれば、選択できます。

能動的に、色を見ることがとても大切です。

そうすれば「いい気分」の時間が増えていきます。

これが色の最大の効用なのです。

色の意味を知り、効用を経験して、たっぷり色をもらいます。

色をもらう、というのは、単に「色を見る」というだけなのですが、心理的には

「この色を見ることでこの色のエネルギーをいただけるんだなあ」という感じなので、「もらう」という表現をしています。

色は見るだけで栄養のあるごちそうだと私は思っています。

色は人生のサプリメント！　バランスよく摂取することによってどんどん元気にパワフルに健康で楽しくなっていくのです！

さあ、いよいよ色彩学を実践してみましょう！

【実践！】色を摂取する

◆色ってどうやって摂取すればいいの？

色は目から入ってくる知覚刺激。ということは、色を見ることでどんどん色情報が脳へ伝達されていきます。味気ない言い方をすると、赤という信号が脳に伝わることが「色を摂取した」こととなります。

でも本当に色を摂取するというのはそんなに単純なことではなく、もう少し情動的で官能的なものです。そこに喜びや感動やときめきが存在することがとても大切です。

ここではどのように普段の生活の中で色を摂取することができるかをお伝えします。

●色を着る……服として着ることは、まるでその色になりきったかのような気分になります。いつも同じような色の服を着ていると、「あの人はああいう人」とイメージが定着してしまうことになります。それだけでなく、自分でもいつも同じ色の服装をしていると自分で自分を認識している「セルフイメージ」が定着し、考え方や発想や自分の可能性までをも封じ込めてしまうことになりかねません。いろいろな色の服を着ることで、新しい自分を発見したり、見たことのない表情を引き出せたり、周りからのイメージが変化したり、可能性が広がります。彩り豊かにいろいろな服の色にチャレンジしていると、周りとの人間関係も変化して楽しくなっていきます。

●色を食べる……食べ物の色はそれぞれの色素の色であり、その食べ物がどのような働きをするかを私たちに伝えてくれています。「人間の体は食べたものからできている」というだけあって、いろいろな色の物を食べることで健康になっていきます。食べ物は特に「口に入れる、飲み込む」行為となることから、色を摂取している感じが得やすい方法です。卵を食べるときは「黄色を食べる」、トマトを食べるときは「赤を食べる」というように、色を食べているようなイメージで摂取すると、どんどん体が元気になっていくイメージを得やすいです。

●色に囲まれる……寝具やインテリアなど、自分が何色に囲まれているかによって、そのときの気分が違います。床、壁、天井が優しいベージュのようなマッサージサロンや和室などは、まるでベージュが自分を包み込んでくれているような優しさを感じることができます。視覚で見ている色ですが、まるで触覚で感じているかのように味わうと、その色の効果をさらに感じることができます。緑の森の中を歩くときも、真っ赤な壁の前を歩くときも、その色を皮膚で感じるかごとく「囲まれてみる」ことで存分に色の効果を味わえます。

●**色を飲む**……自動販売機やドリンクバーなどでもカラーセラピーをすることが可能です。「今はどの色を摂取したいかな?」ということを、飲み物が並んでいる前で自分に問うてみるのです。ゴクゴクッと飲む行為は、その色をチャージしている感覚をとても味わいやすくておすすめです。服の色だと一日同じ色になりますが、飲み物は時間帯で気分をスイッチすることもでき、細かな気分転換にぴったりです。

●**色に浸かる**……今はいろいろな色の入浴剤が出ています。裸で体ごと浸かるバスタイムは、全身で色を摂取した気分になれるのでとてもおすすめです。その色のイメージを全身で存分に味わい、その色の世界に浸るような感じです。入浴剤をいろいろな色の物をそろえて置いて、お風呂に入るときに、「今日はどの色に浸かりたいかな」というように選ぶと、生理的に気分が反応しやすいので気分に応じた適切な色彩を選ぶことができます。

●**色を描く**……塗り絵や絵画など、白い紙に色を描くことはとても効果的な色の摂取方法です。色を塗ると脳が活性化され、快楽ホルモンが分泌されるともいいます。

無心になって色を塗る行為は感性を磨き、子供のようなわくわくする気持ちが湧き起こってきます。色を塗っていると、自分がその色を摂取しているだけでなく、自分の内側から色が出てきているような感覚を感じることもあります。色を描くことで、入力と出力が両方なされているのです。クレヨンでもパステルでも色鉛筆でも絵の具でも好きな画材で自由に色を塗ることが大切です。

●色を浴びる……よく晴れた青空の日などは、ぜひベランダなどに出て、全身でその青を浴びてみてください。できることなら両手を広げ、手のひらや顔や胸やお腹すべてで青色を受け止めるような気分で摂取してみてください。曇り空の日でも太陽光には虹の七色が含まれています。太陽光は、紫外線対策さえしていれば、健康の素です。お日様の光の中にある色彩をたっぷり浴びましょう。

●色を選ぶ……手帳売場やネクタイ売り場、ふせんや小物など、色がずらりと並んでいる場面では、そのときの気分に一番近い色を選んでみてください。「色を選ぶ」という行為は、自分の内側にある自分の気分を確かめ、それを実現しているような行為となります。自己確信が生まれ、本音と言動に整合性が取れていきます。たとえ買い物をしなくても、売り場の前を通りかかったら「今日の気分は何色？」と問いかけてみるだけでもとても意味があります。

●色をイメージする……目の前にその色彩が存在しなくても、目を閉じてその色をイメージすることでその色を摂取することもできます。脳裏のイメージが潜在意識へ作用するからです。たとえばイライラしているときには、目を閉じて、優しいピンク色の花束をイメージしてみてはどうでしょう。その花束を大切に抱えて、ピンク色を味わい、香りを嗅いでいるイメージをすることで、イライラが治まっていくことを感じていただけるのではないかと思います。眠る前には海に沈むイメージをしてみたり、パソコン仕事で疲れたら広大な芝生をイメージしてみたり……、忙しい方ほど、ほんの少し目を閉じて、美しい色彩をイメージしてみると効果的です。

●色を贈る……どなたかに、プレゼントを贈るときは、商品色はもちろん、リボンやパッケージの色でも愛を伝えてみてはいかがでしょうか。それぞれ次のようなメッセージが伝わります。

〔赤〕 情熱的にあなたが大好き!

〔オレンジ〕 一緒にいると楽しいね!

〔黄色〕 キラキラしていてステキ!

〔緑〕 お疲れ様。ゆっくり休んでね。癒しをありがとう。

〔青、水色〕 カッコイイね! あなたに憧れています!

〔藍色〕 きちんと日頃の感謝と愛をあらたまって伝えます。

〔紫〕 オシャレでセンスいいよね! うっとりしちゃいます。

〔ピンク〕 かわいいね！ 大好きだよ！

〔黒〕 尊敬しています。

〔白〕 ピュアな気持ちです。さわやかですね！

〔茶色〕 あなたにふさわしい良いものを贈ります。

〔グレー〕 プレゼントした私のことをあまり気にしないでください。
控えめな気持ちです。

プレゼントを受け取った相手の顔が、にっこりするのを想像すると、楽しくなっちゃいますすね！

●色を呼吸する……「カラーブリージング」という手法があります。「色を呼吸する」

というような意味です。カラーは色、ブリージングは呼吸です。アメリカでは「ピンクブリージング」といって、ピンクをイメージして呼吸するだけで美容に効果があるといわれています。

目を閉じて、脳裏にピンク色を思い浮かべます。そのピンク色を自分の体内に取り入れるイメージで、鼻から思いきりピンク色のイメージを吸い込みます。そして口から細〜く長〜く、自分のなかのドロドロした黒いものたちが出て行くような感じで吐き出します。私はピンクを吸い込むのを5秒、黒いものを吐き出すのを10秒かけています。

これを何度も繰り返していると、だんだん自分のなかに幸せなピンクオーラが増えていっている感じを味わうことができます。綿菓子のようなスウィートなピンクを体内にたっぷり取り込んで優しい幸せな気分が体の中に満たされていく感じを味わってください。

私はこれを自分なりに応用して、青空からいただくブルーブリージングで広く大きな気持ち、晴れ渡った解放感などを味わったり、平和や安らぎをもたらしてくれる緑色が欲しくなると、植物たちからもらうグリーンブリージングをやっています。

吸い込むときは心地よくたっぷりと、黒いものを細〜く長〜く吐き出すところはかなり念入りにやっておくと、本人としてはとてもすっきりして、「これでＯＫ」という気持ちになります。吐き出すほどに、体と心の透明度が増したような、クリアな自分になれたような気分です。デトックスのようなものですね。きれいな色を体内にたくさん取り込んでエネルギーを充電してください。

【実践！】色で情緒のマネジメント

◆色で自分の気持ちをコントロールできるの？

人間にとって、「情緒」というものはとても大切なものです。人間を人間らしくするひとつの要因だと思います。たとえば単なる「景色」が、情緒をもって見つめる人物がいることで「情景」になるわけです。

ただ情緒そのものはとてもワイルドなものなので、意志をもってマネジメントしないと、逆に情緒に振りまわされてしまいます。

私はかつて感情をマネジメントできている人に憧れていました。自分に起こる怒りや悲しみのエネルギーに何日も振りまわされることがあったりして、とても大変だったからです。

先日読んでいた『ドラッカーディファレンス』という本の中に『意識の鍛練』についてて書いてありました。列挙されていたのは次のような言葉でした。

「意識を道具として活用」

「いかにして意味のない習慣を克服するか、情緒をいかにマネジメントするか、この二つが仕事における成果と表裏一体である……」

「意識を『意識』する、意識は知覚だ」

大きく納得できるものがありました。私はカラーを学び、ドラッカーを読み、西田理論を学んでから、自分の情緒のマネジメントが前よりもできるようになりました。自分が舵を取れている感覚があります。それは、色という知覚刺激を自らの意志で、セルフコントロールに用いるようになったから、「舵取り感」が生まれたのだと思います。

同じ赤でも、意識が変わると知覚が変わり、情緒が変わります。意識して色を人生に用いることは、自分の情緒ではなく意志が人生の舵を取ることになるのです。

色は人生を良くするために味わいたいですね。

では色で情緒のマネジメント……具体的にはどのような方法があるのかを見ていきましょう。

●マグカップを使う

私の自宅にはいろいろな色のマグカップがあるのですが、時間帯によって色を使い分けています。

朝起きたら赤いマグカップを使います。赤は交感神経に刺激を与え、人を活発にさせるので、朝に赤を見ることでシャキッとすることができるのです。のんびりした状態からゆるやかな曲線を描いて徐々にシャキッとしていくまで時間がかかるタイプの方は、特におすすめです。朝の目覚めの立ち上がりが早いと一日のスタートを気持ちよく切ることができてその日の行動のパフォーマンスが上がります。

仕事中のブレイクタイムには緑のマグカップを使います。特にパソコン仕事をしているときは目が疲れます。緑は「アイレストグリーン」という言葉があるくらい、「目を休める色」といわれています。緑色を休憩時に見ることによって目の疲れを取ることができます。気持ちをリラックス、リフレッシュさせる効果もありますので休憩にぴったりです。私はあまり気持ちが落ち着きすぎてしまわないように、仕事中は暗い緑ではなく、明るめの黄緑のマグカップを使っています。

夜は青いマグカップです。赤と反対に、青は副交感神経に刺激を与え、のんびりゆったりした気分になることができます。眠る前のひとときに飲む、ホットミルクやハーブティには気持ちや体を静かに落ち着けてくれるブルー系がおすすめです。

食器は飲食のときに登場するので、生理的に快不快を感じやすいものです。心地よくなる色彩を用いて快適な時間をお過ごしください。

●モチベーションをコントロール

ときどき、「いつもやる気に満ちているように見えますが、モチベーションを管理する秘訣はありますか?」と聞いていただくことがあります。「モチベーションを持続するコツはモチベーションを下げることです」とお答えしています。

私は毎朝赤い色のものを見るようにしています。それはシャキッとして朝の立ち上がりをスムーズにさせたい意味もあるのですが、同時に、赤を見たその日の朝の私がどういう反応をするかをチェックもしています。

「よし！　今日も赤がきれいだ！　頑張るぞ！」という日もあれば、「なんだか今朝は赤が強すぎてちょっとうるさいな……」という朝もあるのです。ポイントは後者です。世の中の物を波動で説明できるように、モチベーションの上がり下がりにもまたバイオリズムがあり、自然な曲線を描いています。この曲線が下がろうとしているときは、あえて気合や根性で上げようとするのではなく、きれいに下がっていくように管理しています。

赤はエネルギーを象徴する色。赤がきれいにみえるということは、その日の自分にはエネルギーがたっぷりある、ということになります。逆に、赤を見て不快を感じるということは自分は少しエネルギー不足で、モチベーションが下り坂になっている可能性があるということです。このタイミングのときに、リラクゼーションの時間を取るようにするなどして充分に自分を労わってあげることができると、また美しい曲線となってモチベーションが上がってきます。毎朝できる赤のモチベーションチェック、おすすめです。先ほどのマグカップでもいいし、トマトなどの食材でもいいし、歯ブラシでもポストカードでもよいので、何か毎朝見やすいものを用意しておくといいかと思います。

●気をコントロール

私は西田先生の西田塾で脳を開発する方法を学び、それに色彩学を組み合わせて実践しています。

西田先生はスポーツ選手や経営者を指導してこられ、脳の状態をコントロールすることで出力結果を最高の状態にする手法をお伝えくださっています。

その中で「気のコントロール」の話が出てきます。

「気」というのは、気持ちの気、気合の気、気分の気です。気というのは本来、「丹田」というおへその下10cmくらいのところに位置するツボのあたりにあることがよいとされています。

気が丹田より上に上がっていると、「あがっている」、「浮ついている」、「地に足がついていない」というような状態になります。また、気が丹田より下に下がっていると、「落ちている」、「テンションが低い」、「沈んでいる」というような状態です。

試合に出る、プレゼンを行う……など、何か事を成そうとするときに、気が上がっていたり下がっていたりすると、本来の力を出せないことになります。

そこで気の上げ下げをすることが必要で、言葉やイメージや動作を使って行うわけですが、私はこの気の上げ下げに色を使うことをおすすめしています。

○赤でサイキングアップ……赤色を見ることによって、交感神経が刺激され、生理的に興奮し、血圧も上がり、筋肉は緊張し、活発な状態になります。

朝起きたときにテンションが低い、落ち着きすぎている……など気が下がっていると思われるときには、赤い服を着る、赤い飲み物を飲むなどして気を上げることができます。

○青でカームダウン……青色を見ることによって、副交感神経が刺激され、鎮静し、血圧が下がり、筋肉が弛緩し、リラックスして落ち着いた状態になります。

大切な場面を前に、緊張して手に汗を握っていたり、何度もトイレに行ったりそわそわ落ち着きがないときは、青色を見ることで気持ちと肉体を落ち着かせることができます。

これらを常に意識することによって、いつも自分の気が丹田にあるベストな状態を保つことができ、安定したメンタルとパフォーマンスの高い結果が手に入りやすくなります。

●外気を蓄え、内気を練る

同じく西田先生に、人は外からもらっている「外気」を体内に取り込み「内気」とし、この「内気」がしっかり練れている人物が「根気」があり、ここぞというときにその気を放出して最高の結果を出せるのだと教えていただきました。

「外気」には、五感から入ってくるいろいろな外部刺激があります。美しい風景や素晴らしい音楽、美味しい食事や優しい陽射しなど、すべて外から入ってくるエネルギーとすることができます。感覚的なものだけではなく、周りの人からの応援や愛情などもエネルギーとなるでしょう。時には目に見えないものからも、何かを感じ取り感謝することとあるでしょう。これらが普段からたっぷりできていると、その人物の体の内側には、たくさんの「内気」が蓄えられたことになります。この「内気」は練ることによりしっかりとした強いものになっていきます。日々の修養や鍛練などがそれにあたるでしょう。そして練った後は、強気、気合で気を締めていきます。このよい気の状態ができたうえで本番に臨むと、完全な「気の放出」ができるのだそうです。

私は、この「外気」を取り込む段階に色彩を用いています。

普段から、自分の「内気」を満タンにしておくために、青空をたっぷり堪能したり、食事を味だけでなく、色でも香りでも充分に味わうようにしたり、季節の草花や贈られたプレゼントのリボンの色彩までも愉しみ、味わうようにしています。そうすることにより、いつも自分の内側にエネルギーが満タンにチャージできているような感覚になることができるのです。圧倒的な外部刺激である色彩を意識するだけで、エネルギーを注入しておくことができるのです。

●気分を跳ね返す色を用いる

もう一つ、西田先生に教えていただいた「振り子の法則」に基づく色の使い方をお伝えします。「人間の感情は必ず快と不快、苦と楽が一対になっている。そして振り子の幅が大きければ大きいほど、反対側へふれる力も大きくなる。つまり、苦しんだ仕事ほど達成感や充実感が大きく感じられる。つまり、負の出来事が起こったとき、振り子は『不快』に振られるが、その動力を利用していっきに『快』にもっていくことができる。このとき『快』にもっていくことをしないままにしておくと、脳に『不快のソフト』、『できないソフト』が出来上がってしまい、ツイてない人間になる」（『ツキの最強法則』ダイヤモンド社）とおっしゃっています。

つまり、「不快」を瞬時に「快」にできる瞬発力がある人ほど、この「振り子の法則」を利用して、脳を最高の状態にいつもしておくことに成功しており、結果、ツキがどんどんやってくるといいます。瞬時にチェンジするには、脳への伝達スピードが速く情報量が多い色彩を用いるのがぴったりです。

○「傷つけられてしょんぼりした気持ち」**↓ピンクで幸せを感じよう！**

○「失望、暗闇」**↓カーテンをあけて太陽を浴びてみよう！　黄色を見て輝きを感じる。**

○「不安がどんどん大きくなっていく」**↓ハッピーカラーの黄色で元気！**

○「人間関係がギスギス、気まずい」→**平和のグリーンを使ってみよう!**

瞬時に、頭に思いつく、「反対側へ振れてくれそうな色」を使ってみるのです。この瞬発力があれば、振り子がどんどん動くようなフレキシブルな自分となり、「不快」にとどまらずにいられます。

テニスボールを打ち返すように、来たマイナスの出来事に、カラーで対応してみると効果的です。

【実践!】色で運気を上げる

◆色でツイている人になれる?

●運気を上げる3色を使う

西田先生は「ツキのカリスマ」ともいわれており、ツキを上げる方法、運気を上げる方法も教えてくださいます。

ツキと運は違います。ツキは誰にでもいつも起きている小さなラッキー。誰にも訪れる波のようなものです。景品が当たった、電車がちょうどきた、駐車場がちょうど空いた。これに気づく人と気づかない人がいます。ツキは波動なので、こっちも波動でリアクションします。ツキに気づいたら大げさなくらいそれを喜ぶとよいです。運はその人の持ち物です。「あの人は運がいい」というように、運気の高い人物を強運といったりします。強運になっていくためには、自分を研ぎ、磨き、学び、高め、輝いていくことが必要です。私も以前よりも明らかに運気が上がっていると感じます。まだまだこれからですが、本人的には、しっかりと薄紙が一枚ずつ重ねられていくような運気の上がり方です。薄紙の一枚一枚は、「小さなラッキーを喜ぶこと」の積み重ねです。

そこでご提案したいのは、運気を上げる3色です。

その3色とは、「オレンジ」、「黄色」、「ゴールド」です。

小さなラッキーを喜ぶ、楽しむ、笑い声を出す、笑顔になる、はしゃぐ……オレンジです。

光を求めようとする、輝かしいものに同調する、キラキラを好きになる、光のほうに目を向ける、明るいことを好む……黄色です。

そして自分の輝きを感じる、確固たるきらめきを手に入れる、自分の価値を信じる、本物・良質なものに同調する……ゴールドです。

これら3色を、小物などに使ってみてはいかがでしょうか?

まずは、小さなツキを数えて喜ぶところから、始めてみてください。

ポイントは、「ツキが来るのを待つ」のではなく、「まずはオレンジや黄色やゴールドを味わって、まるでツイているかのように先に感じてみる」ということです。

すでに「嬉しいこと」、「楽しいこと」に先に同調することがポイントです。

●プラス思考になれる色の用い方

ツイている人になるために大切なこととして、「プラス思考」があります。

物事をポジティブに考える、起こった事象を前向きにとらえるなどの考え方がそうです。プラス思考が大切だということはいろいろな本に書いてありますので、詳しい説明は省きますが、要は不快なことが起こったときに、本当にプラス思考で捉えることができているかどうかで結果に差が出ます。

日々の生活の中で、私たちは五感や直感などを通して外部刺激を得ています。その外部刺激に対して「快」や「不快」を感じています。上司に怒られて不快だな、とか、お客様に褒められて快を感じる、とかです。この外的要因に一喜一憂して、その快・不快によって、自分の気分やモチベーションがコロコロ変わっていたのでは大変です。外から来た外部刺激と、それに対する自分の反応は、すべて自動的なものではありませんよね。外部刺激と自分がとる反応の間には、わずかながらにも数ミリの「自由」があるわけです。色に置き換えてみてはどうでしょう？　いろいろな色を摂取することで、自分の中のいろいろな色が反応して、バランスよい人物になれるのです

○上司に営業成績のことを怒られた。↓悔しい！絶対来月は目標数字を達成するぞ！↓**この悔しさのお陰で「赤」を感じられた。上司に感謝！**

○彼氏に時間をかけてシチューをつくって待っていたけれど、ドタキャンされた。

↓すごく幸せな気持ちで待っていたのに……。**↓シチューをつくっていたときの幸せなピンクの時間は彼のおかげだ。**

○お客様とホテルのロビーで待ち合わせしていたけれど、30分も過ぎてから、今日は来られないことになったとの連絡。↓空白の30分！　もったいない！↓**ぼんやりと庭園の横で過ごしたグリーンの時間をもらえたんだ……。**

○地下鉄の中で見かけた奇抜なファッションの若者たち↓まったく、最近の若いモンは……↓**若さが表現する色づかいやセンスを堪能するチャンス！　アート心を刺激する紫パワーをもらえたかも……。**

世の中から自分へ降りかかってくるすべての「外部刺激」に対する自分の反応が「不快」のままだと、大変です。この色を摂取することができたんだ、というように思い直すことによって「快」に切り替えをすることができます。

色とりどりの世の中は素晴らしいですね。すべての色には意味があり、そして色はすべて美しいのです。
色という簡単な知覚刺激を、自分の脳を快にするために使いましょう！
効果てきめんです！

【実践！】成果を上げる5色
～ドラッカー「経営者の条件」成果を上げる5つの条件から～

◆色で成果を上げる人になれる？

ピーター・F・ドラッカー
アメリカの経営学者。「マネジメント」という言葉の生みの親とされ、日本のビジネス界にも大きな影響をもたらした。2005年に95歳で他界。

私は2006年からナレッジプラザ（北海道及び東京で開催中）という経営者の

ための学びの会で勉強させていただいております。ナレッジプラザの代表である佐藤等先生はシリーズ19万部を刊行する『実践するドラッカー』の編著者であり、ドラッカー研究者でいらっしゃるので、佐藤先生を師と仰ぐ私も、ドラッカーを読み、実践することを習慣にしてきました。

その中でも、私が特に感銘を受けて、通算38回読んでいるドラッカーの本があります。『経営者の条件』という本です。

私はこの本の内容と色彩学を合わせて、自分の人生に取り込んでみたところ、とても成果が出やすくなったので、ここではその方法をお伝えします。もちろん、実際に購入して読んでみていただくことをおすすめします。

『経営者の条件』の原題は〝the Effective Executive〟。直訳すると、「成果を上げる、できる人」みたいな意味なのです。

社長さんじゃなくても、主婦でも学生でも「成果を上げたい人」向けのことが書かれています。

『経営者の条件』は自分自身をマネジメントするための本です。

この本には「成果を上げる方法は習得できる。それは5つある」ということが書いてあります。

その5つは、

- **汝の時間を知れ**
- **どのような貢献ができるか**
- **人の強みを生かす**
- **最も重要なことに集中せよ**
- **成果を上げる意思決定をする**

です。

これら5つに色を合わせて紹介していきます。

●「汝の時間を知れ」**→黄色**

~黄色で自分の時間をマネジメントしよう!~

まずは1つ目、『汝の時間を知れ』。

引用すると、この章にはこのようなことが書いてあります。

「成果を上げる者は、仕事からスタートしない。時間からスタートする」
「成果を上げる者は、時間は制約要因であることを知っている」
「時間に対する愛情ある配慮ほど成果を上げている人を際立たせるものはない」
（「経営者の条件」第2章）

ドラッカーは廃棄を推奨します。本人が気づいていない、なんとなく時間を使ってしまっているやらなくてもいいこと。これに気づき、廃棄することでまとまった時間を手に入れることができ、目的をもって使えます。自分で考えるより、記録すると浮き彫りになりやすいそうです。私もやりました。エクセルで1分刻みに作ったシートに自分の行動を記入。3週間ほどを年に数回。廃棄対象がたくさん見つかります。

私はさらにその表に色を使います。本来やりたいこと、増やしたいことは赤、減らしたいことは青。赤が増えると「ＯＫ！」という脳への条件づけがしてあるので、赤を増やすことをがんばっています。赤は興奮色なので、減ったほうがいいものにはイライラしたり焦ったりするので使わないほうがいいです。

この「汝の時間を知れ」というテーマにふさわしい色は黄色です。黄色には、セルフコントロール、己、自我、左脳、自律というような意味があります。黄色は人生のハンドルをしっかり握り、自分の意志で人生を運転するような色なのです。なんとなく埋まっていくスケジュールではなく、自分の時間をしっかり自分でデザインする！　黄色は自信という意味もありますが、自分でハンドルを握っていると操縦感が生まれ、自己確信が生まれ、それはいずれ内発的な輝きとなって自信がみなぎるようになっていきます。

●「どのような貢献ができるか」→青

～ふと青空を見上げ、貢献に目を向けよう！～

続いて、成果を上げる方法2つめは『どのような貢献ができるか』。

「成果を上げるには自らの果たすべき貢献を考えなければならない。手元の仕事から顔を上げ、目標に目を向ける」
「貢献に焦点を合わせることによって（中略）成果が存在する唯一の場所である外の世界に注意を向ける」
「ほとんどの人が下に向かって焦点を合わせる。成果ではなく努力に焦点を合わせる」

（「経営者の条件」第3章）

この章を読むといつも私はドキッとします。

「いま必死でやっているその仕事、本当に求められているの？」とドラッカー先生に、問われているような気がするからです。「目の前の仕事から目を上げて、目標に目を向けよう。努力に逃げないでね」ということを言われているかのようです。

この章を読むと、「私だってがんばっているんですっ！」と言いづらくなります。

貢献に焦点を合わせるということは、成果に焦点を合わせるということだ、ということが書いてあります。

たとえば、カラーの勉強を「毎日がんばる！」という行動管理と、「1級に合格するために毎日がんばる！」という行動管理とでは、後者のほうが「成果」に焦点が当たっているので、できたかできないかのジャッジが明確です。前者の「毎日がんばる！」では、できたかできないかは本人の気分にゆだねられてしまい、「がんばっているけど、なんとなくでしか味わえていない、達成感が訪れない」ということになりかねません。

主婦の仕事もそうです。「毎日家事をがんばる！」というのと、「今週中にキッチンをピカピカにする！　だから今日は冷蔵庫の掃除をやりとげる」というのとでは、達成感が異なります。これが貢献からずれていくと、できたかできないかが不明瞭になるため、「私だってがんばってるもん」と言いたくなってきてしまう訳です。

スポーツのチームやＰＴＡの会や会社の組織の場合は、そのチームにおいて自分は何色のキャラクターなんだろうと考えて、貢献を意識します。そのＴＰＯにおいて、自分が何色キャラになるか変わることがあります。「今日は熱血リーダー役が求められているな」と思ったら赤。「優しいお姉さん役」ならピンク。「冷静に分析判断する役」なら青。というように、自分を色でキャラ設定し、そのキャラがなしとげるべき事柄に集中して努力したり発言したりします。チームじゃなくてもこのようによく一人芝居的に、場面や期間を区切って自分をキャラ設定し、貢献を考えます。「貢献」という視点があると、自分の行動言動がすっきりします。

貢献の色は青です。青には、視座を上げる、青空、未来、理想という意味があります。仕事から顔を上げて、ふと視座を上げ、青空から自分を見ているかのように青い目線で自分を客観視し、自分はどのような貢献が求められているのか、自分の求める成果は何か、ということを、テンパっているときほど青空などを見ることで思い出すようにしています。

●「人の強みを生かす」↓緑

~その人のナチュラルな良さは自然界の緑にならえ!~

次は『人の強みを生かす』です。引用します。

「自らが得意であると知っていることを、自らの得意な方法で行うことによって成果を上げなければならない」

「組織の役割は、一人ひとりの強みを共同の事業のための建築用ブロックとして使うところにある」

「弱みに焦点を合わせることは人という資源の浪費である、誤用である」

（「経営者の条件」第4章）

結果を生むには、上司、同僚、そして自分の強みを動員しなければならないとドラッカー先生はいいます。重要なことは、弱みを最小限に抑えることではなく、強みを最大限に発揮させることである、と。パーフェクトな人物になろうとすると、弱みを克服しようとして小さいマルになるけれど、強みを発揮しようとしたら、強みは磨くことでどんどん伸ばすことができるので、一角だけが異様に伸びた変なカタチの人材になることができるのです。このことを「卓越性」といい、その部分で成果を上げたり、変なカタチ＝世の中で価値ある存在となることができるわけです。

話すのと、書くのではどちらが得意ですか？ 私は書くほうが得意です。このことに関する感想を「いま言ってみて」と言われるよりも、「明日までにメールでちょうだい」と言われたほうがありがたいです。ただ、自分と他者とではこの強みが異なって当たり前です。その人の強みを生かすため、メールで相談したほうがいい人、会って話したほうがいい人がいるわけです。一般に、黄色やオレンジや赤を好む人は「話す」ことを得意とし、青を好む人は「書く」ことを得意とします。積極的な行動を好むか、内省的な静かな思考を好むか、です。「他の人には難しいが、自分には簡単にできることは何だろう」と問いかけてみてください。それに集中し、続けることで、何かが生まれます。

皆さんは、どんな強みがありますか？ それは皆さんの「宝」です。それを生かした生活を始めてみましょう！

強みを生かす色……、それは緑色です。緑色には真の自分らしさ、ナチュラル、素、成長、愛、というような意味があります。自然界を見ると、どの植物も動物も強みを生かしています。自分らしさに気づき、伸びやかに生きているとそれは自然界の中のかけがえのない存在となっていくのです。

昔見た「火天の城」という映画の中で「強みを生かす」テーマに触れられている箇所がありました。織田信長に拝命を受けた大工が安土城を作る話なのですが、最上級の二千年続くお城を建てるに当たり、山から木材を持ってきて使うときに、「山の南側に縦に生えていた木は、城の南側に縦に使うべし」という台詞があって感銘を受けました。自分がどこに置かれて、どう用いられたときに、もっとも強みを発揮できるのかは、自然界にそのヒントがありそうです。

またドラッカー先生は「大きな強みをもつ者はほとんど常に大きな弱みを持つ。山あるところには谷がある。（「経営者の条件」第4章）」ともいいます。色は色相環のように環であらわすことができ、反対側には補色の色が並びます。自分らしさの「色」が分かったとき、その補色の色が弱みなのかもしれません。補色は「補う色」と書きますが、弱みをおぎなってくれる人材は反対のカラーの人なのかもしれません。

●「最も重要なことに集中せよ」→赤

～これ！　というものに赤の闘争本能を投入しよう！～

4つめは、『最も重要なことに集中せよ』。

「成果を上げる人は、最も重要なことから始め、しかも一度に一つのことしかしない」
「いくつもの球を操ることは曲芸である」
「集中とは「真に意味あることはなにか」「最も重要なことは何か」という観点から時間と仕事について自ら意思決定をする勇気のことである」

（「経営者の条件」第5章）

「成果を上げるための秘訣をひとつ挙げるなら、それは集中だ」とドラッカー先生は言います。この章も読むたびに気づかされます。定期的に読み直さないと、面白いように集中から離れた生活をしている自分に気づきます。「さあ！　忙しいぞ～！　あれやって、これやって……うまくこなせてる自分えらいぞ～」と思ってしまっていて、読み直したとき、「いくつもの球を操ることは曲芸である」と書いてあるのを発見して、「はっ！　そうだった！　私は曲芸が上手になりたいんじゃなくて成果を上げたいんだった」と気づくのです。この章のこの言葉には特に参ります。

「成果を上げられない人のほうが多くの時間働いている」

当たり前ですが、多くの時間働いているから立派なのではないんですね。その仕事が何を生んだか、結果どうなったか、成果を手にできているかどうか。1年間の時間をバラエティ豊かなことに使うか、ひとつ選んでそればかりをやるか……。たとえば、お菓子作りと英会話とアロマとヨガをやる1年と、アロマだけを徹底的に来る日も来る日もやる1年とでは、結果が違ってくるのがイメージできるのではないでしょうか。色も一色だけをたくさん塗ると、鮮やかで力強い色になります。いろんな色を同時に塗ると、彩度が落ちてよくわからない暗灰色になります。ひとつ選んでそれに集中するのです。

集中を色でいったら赤です。赤には、目の前のことを本気でやる、闘争本能、現実、捕獲、というような意味があります。

「これ」と思ったらそこにエネルギーを集中させて、そればかりを追求する……。もし皆さんがお腹をすかせたライオンだったとしたら、「シマウマさんも、ウサギさんもいる～、どうしようかな～」と散漫になっていたら獲物を手に入れることができません。焦点を当て、「あのウサギだ」と集中するとき、闘争本能がマックスになったような集中力が訪れ、パワーが一点に集まることとなるでしょう。

集中の色は、焦点を合わせる闘争本能の色、赤です。

●「成果を上げる意思決定をする」→紫

～紫の境地から神の采配をふるう！～

成果を上げる方法、最後は『成果を上げる意思決定をする』です。

引用します。

「問題の根本をよく理解して決定しなければならない」
「病状だけの手当てで満足してはならない」

（「経営者の条件」第6章）

「意見の不一致が必要な理由は、想像力を刺激するからである」
「コンピュータの強みは論理的な機械であるところにある。人は論理的ではない、知覚的である。聡明であり洞察力がある」

（「経営者の条件」第7章）

もし今回の人生で成果を上げたいのなら、私たちの毎日は大切な意思決定の連続です。私も振り返ればなんとなくの選択で人生がかなり決まってきました。できればよりよい意思決定をして、よりよい未来を切り開いていきたいと思いますよね。AかBかのうちいずれか一つを選ぶとき、ついつい「どっちが正解なんだろう、どっちが正しいんだろう、どちらを選択するのが合っているのか事実に照らし合わせて検証したい」と考えるものです。一つ選べば一つ棄てることになります。不安が出てきます。ドラッカー先生はいいます。「成果を上げるものは事実からはスタートしない、自分の意見からスタートする」。「したがってまず初めに、意見をもつことを奨励しなければならない。そして意見を表明した後、事実による検証を求めなければならない」

さらにドラッカー先生は、「成果を上げる意思決定をするには意見の不一致を必要とする」といっています。満場一致で決まるようなときは意思決定のタイミングではないということです。つまり意見の不一致がないということは、その事柄に対する満足な検証が行われていないということです。ですから、自分の意見に対して反対意見があるのは検証されている素晴らしい機会であり、ポジティブなことなのです。

意思決定の色は紫としました。紫には、神様目線、想像力、高度な智、洞察力、本質的というような意味があります。意思決定を下すとき、ロボットやコンピュータにはできない、まるで神の采配のような広くて高い視点が必要になります。自分の求める成果への道を照らす聖なる灯のような高度な智力をもって、ことにあたることを紫色は思い出させてくれます。

これらの5色のうち、自分には欠けていると思われるような色を手帳に使ったり、小物に使うことによって、非言語でその部分の強化を自分に対してすることができて大変効果的です。

たとえば「自分は『汝の時間を知れ』の部分が苦手だな」ということが分かれば、黄色い色を持ち歩くことをおすすめします。黄色を見ることによって、黄色がもつ、セルフコントロール、己、自我、左脳、自律……というような象徴的意味が脳へ入力され、これまでよりもその分野を意識した生活になっていくのです。

成果を上げる5つの条件が5つともできているか、バランスは取れているかのチェックや、できてないところを伸ばす方法として、色は有益に道具として使えます。

この5色はちょうど、色相環に内接する正5角形として管理することができます。
日本ではＪＩＳ規格に採用されているアメリカのマンセル表色系の基本色相であ

る、ＲＹＧＢＰがちょうど成果を上げる5つの条件に当てはめた5色と対応しているのは、色の性質と、成果を上げるときのスキルバランスが一致しているようで興味深いです。

【実践！】虹の七色の順番に進む

◆まず、何からがんばればいいの？

拙著「7色のすごいチカラ！」（エイチエス）では、虹の七色のそれぞれの意味とそれぞれの色がもつすごいチカラについて一冊の本にさせていただきました。

この虹の七色の順番を実践して、日々の物事に当てはめることができます。

空に架かる、美しい虹。

古代の人は、あの美しい七色を見て何を想ったことでしょう。

「あれはいったいなんだろう……、神様からの手紙かな……？」

その後、１６６６年にニュートンがプリズムを用いた分光実験をして、あの虹の七色は、それぞれの波長の屈折率の違いにより出現していることが明らかになったわけですが、それでもやはり私はあの虹は神様からの手紙なのではないかと思っています。というのは、あの七色の「順序」が意味をもっているからです。

まずは、それぞれの色の意味をお伝えします。

〔赤〕現実、地に足をつける、いまやらなければならないこと、責任、生活基盤

〔オレンジ〕社交、コミュニケーション、喜怒哀楽、遊び、楽しみ、喜び

〔黄〕自我、個性、意志、自立、自律、自分で自分のハンドルを操作する

〔緑〕人を愛する、思いやる、平和、人間関係、絆、出逢い

〔青〕思いを言葉にする、声に出す、言霊、伝達、真実、信念、信条を語る

〔藍〕 **動物的カンを働かせる、直感、先を読む、考えずに感じる、予測する**

〔紫〕 **使命、役割、魂、生まれてきた意味、自己実現**

人間が生まれてから大人になるまで学ぶことの順番を示しているかのようです。まずはこの地球に生まれ、しっかりと地に足を着けて生きること。赤のステージです。赤ちゃんが生きることが仕事のように、です。

もう少しお兄さん、お姉さんになって幼稚園に行くようになると、これまでは自分と親だけが存在していたこの世界に「世間」という横の広がりが出現します。オレンジは社交の色、幼稚園でお友達と遊んだり、他者からの目線を意識できるようになるステージです。喜怒哀楽の表現なども、コミュニケーションのオレンジのステージになります。

社交のステージで人様にもまれる中で、「自我」が浮き彫りになってきます。黄色は自分は自分、人は人、自分をしっかりもって自律でき、ハンドルを握って自分の意志で日々を操縦できるステージです。

自分というものをしっかりもてるようになったら、今度はグリーンのステージです。しっかり自律できるようになってから人を愛するステージへ行くのです。そうしないと「依存の愛」になってしまうわけです。グリーンのステージでは、人間関係や愛を学びます。思いやりをもって人に接し、良い出会いを引き寄せます。

人を思いやれるようになったら、青のステージです。青は自己表現。声や言葉と関係があります。思っていることを口に出すステージです。思っていることをきちんと言葉にして相手に伝えることができるようになりましょう、という段階です。

ここまでできたら今度は藍色です。藍色は五感では感じることのできない第六感のステージになります。なんとなく感じる、空気を読む、未来を予知する、兆しに気づく……といったことができるようになるステージです。

最後が紫です。テーマは自己実現です。魂のステージであり、スピリチュアルな色です。「今回の人生、これをやるために生まれてきたんだ!」と分かる、気づくステージです。

「自分は本当は何がやりたいのかしら」
「今の仕事って、本当の自分ではないような気がする」
「毎日がつまらない、夢をもち、夢を叶えたい」
「占いにでも行って、自分が何をするために生まれてきたか占ってもらおうかな」
「夢の話をしている間はわくわくするけど、月曜日の朝、現実に直面すると途端に憂鬱になる……」

今の時代、このように考える方が少なくありません。
紫の問題を解決したいのであれば、まず一番下の色である赤から整えていくべきです。

では何か事を成そうとするとき、自己実現をしようとするときの順番を、この7

色の順に説明していきます。

まずは赤です。赤はチャクラ（※体に7か所あるといわれているエネルギーを出し入れする器官。サンスクリットで「車輪」を意味する。それぞれが虹の七色に対応している）の場所でいうと下半身。グラウンディングといって、大地にしっかり足の裏をつけ、地球のエネルギーをきちんともらえている、つまり地に足がついている状態を指します。

もし今いる場所からさらに進化した場所へステージアップしたいのであれば、「今いる場所」で、「本気」を出すことでステージアップします。

夢は現在地から叶うのです。

6畳の部屋に住んでいたとします。もしももっと広い部屋に住みたいのであれば、その6畳の部屋に文句を言ったり、嘆いたり、ほどほどの掃除をするよりは、その6畳の部屋を心から喜び楽しみ、300％の掃除をして暮らすことをおすすめします。そうすると、今いる場所の器と本人のエネルギーのサイズが合わなくなり、何らかの変化が起きて8畳の部屋に引っ越すことになるのです。

いま目の前にある、現実的なお仕事は、自分がいるステージそのものです。しっかり土台を固めてください。赤のステージはあまりにも現実的で、泥臭さや焦り、イライラなどもセットです。その赤をやりきった人は強いです。他のチャクラが出来ていても、やはり赤が一番下の土台部分ですから、ここにぐらつきがあると上体すべてが影響を受けます。美しい家を建てるときも一番大切なのは土台です。靴を磨いたり、土の上を散歩したりするアクションも効果的です。

続いてオレンジです。オレンジはチャクラでいうと腸のあたりです。感情をうまく表現できずにお腹を壊したりすることがあるように、オレンジは感情の色です。喜怒哀楽を健全に出せるように、豊かに人生を謳歌しましょう。美味しいものを食べ、恋をして、いい音楽にうっとりして、笑顔で人生を楽しみましょう。

「人生を喜ぶこと」を自分に許してあげることも大切です。我慢が習慣になって、本当に美味しいものを笑顔で味わうことを忘れてしまっては大変です。

五感をもたない神様の代わりに、私たちが衣食住を愉しんで、喜んで、「この世界はこんなに素晴らしいもので満ちているんだ」という喜びを表現することで良い世の中になっていくのかもしれません。

キャンドルライトの灯りも、ストーブの暖かさもオレンジです。

私は小さい頃、自分の家に母がいるときといないときの家の空気がまったく違うことを感じて驚いていました。家じたいはいつもと変わらないのに、母が帰ってくると、まるで太陽が顔を見せたようにぱあっと家が暖かく明るくなる感じ。

なんとなく、母がいないときは、味気ないような、さびしいような、空気がありました。

父も陽気な性格ですので、けっして静かな家になったわけではないのですが、明らかに「明るさ」や「温度」が違うのです。

子どもの頃、TVで放映されていたアメリカのホームドラマを見ても、女性のもつ、この家を暖かくする感じがコミカルに描かれていて、「こんな家庭をつくりたい！」と憧れていました。まるで、女性の存在そのものが暖気を発しているかのようです。

どんなに素敵な装飾の家でも、家の中心部の暖炉に火が灯った瞬間に、「あたたかい家」としての機能がはじまる感じです。

台所の火がついてどんどん料理をつくっていることで、家全体に暖かさが満ちていくような感じです。

自分の人生にもこの暖かい炎を灯して、明るく、楽しく、喜んで生きていきたいですね。

黄色は自分をしっかりもつことです。チャクラでも体の中心、みぞおちのあたりになります。ここがしっかりしているとブレません。外的要因に一喜一憂せず、自ら内発的に黄色い色のようにキラキラ輝きましょう。

みぞおちのあたりに小さい部屋があって、そこにハンドルがついていて、小さい自分が運転席に座っていると思ってください。

この運転席は、「一生命体につき、一ハンドル、本人が運転」、というのが基本ルールです。親が子のハンドルを代わりに回したり、部下が上司にハンドルを握らせてしまったりすると、「人生を操縦している感じ」を失い、他者が決めた人生に従っているような状態になります。物事がうまくいっているときはよいのですが、何か悪いことが起きたとき、自分が操縦している感覚がないと、「本当はあそこで右折したくなかったのに……親が（上司が）……」というような他者を責める考え方になってしまいます。

自分でしっかりとハンドルを握り、自分の意志のもとに人生を操縦している感覚があると、「個」が確立され、「自我」が健全に宿り、自分自身に誇りをもつことができるようになり、内発的に輝く人物になることができるようになります。

黄色のステップを強化するには、自分の時間をきちんと管理できるように黄色い手帳を使ったり、「我」をしっかりさせるために名前のハンコをつくってみたり、名刺にこだわってみたりするのもよいでしょう。


緑は胸のあたりです。誰かを好きになるとキュンとするところです。人と人の間に流れる愛をあらわすチャクラです。

胸を開く、胸を閉じる……、心を開く、心を閉じる……。まるで胸にドアがあるかのような言いまわしをします。まさに緑のチャクラは愛の扉。ここが閉じていると、周りからは「とっつきづらい」、「心を閉ざしている」というように見えてしまいます。また、開きすぎていると「許しすぎる」、「人の影響を受けすぎる」状態となります。

緑のチャクラから愛の波動が自然と出ているイメージをしてみてください。ここから出ている波動と同質の人物と出会うことになります。

思いやりをもって人々を優しく愛しましょう。仲間と撮った写真を机の上に飾ってみたり、ペットを飼ってみたり、家族との時間、友人との時間、愛する人との時間を大切に過ごしましょう。

青は思いを言葉にすることです。チャクラでいうと喉のあたりです。伝えたいことや、人生における美学や信念をしっかり言葉にして声に出すステージです。日本には「言霊」という概念がありますが、それに近いです。良い言葉を発すると良い波動が出るので良いことが引き寄せられる、というものです。

もしも本当に夢を叶えたいのなら、1時間でもいいので自分の言っている言葉を録音して、そのすべてを確認してみることをおすすめいたします。

いかに、自分の台詞どおりのことを引き寄せているかに気づくのではないかと思います。昔、口からポロポロと宝石がこぼれるお姫様が出てくる絵本を読んだような記憶がありますが、自分の口から出る言葉を、「嬉しい」、「大好き」、「幸せ」、「楽しい」、「感謝」、「美しい」、「すばらしい」、「素敵」、「こうなりたい」、「あの人のこが好き」……など、良い響きのあるもの、自分が求めているいいものだけにしていると、何らかの変化が起こることに気づくと思います。

誰かにどうしても言いたいことがあるけれど、とてもじゃないけど言えない……、という場合も喉のチャクラに滞りがある可能性があります。

たとえば「お母さん、ごめんなさい」という言葉をどうしても言えずに飲み込んで生きていくよりは、お風呂や車の中など、誰もいないところで声に出して言ってみるだけでも、違いがあります。

大好きな歌詞の歌を歌ってみる、美しい言葉を話すなどもよいでしょう。

藍色は眉間です。ユニコーンの角が生えている場所で、「第三の目」といわれます。「両目を閉じて、第三の目を開いて物事を見よう」というような言い回しをしたりします。本質を見分ける力、目に見えないものを見ようとするステージです。

たとえば人物をみるときに、肩書きや出身大学、社名などで判断したり、服装や背の高さや顔などで判断するのではなく、その人物からなんとなく伝わってくる「感じ」で判断することがあります。いわゆる「直感」というものです。

この直感が、本質をついていることがあります。五感で感じることはできないけれど、「なんとなく感じる」……、これが藍色のチャクラが司るものです。

私もカラーを初めて習おうと思ったときは、数百万円かかるであろう決心をすることがなかなか大変でしたが、理屈の脳はいろいろと計算したり、そのことを否定したりしているのにも関わらず、直感は、ただドキドキして、わくわくして、「これだ！ これだ！」と叫んでいました。もちろん理屈で考え、数字でシミュレーションし、可能不可能を判断することが大切ですが、ときには理論的に説明できないけれど、確かに感じる感覚……、これをも大切にすることで、人生の大切な判断をできるようになるのかもしれません。

藍色の直感のステップを強化するには、藍色の夜空を見上げてぼんやりしてみたり、プラネタリウムを見たりするのもよいかもしれません。

そして最後が紫です。チャクラの場所でいうと頭部にあたります。もっとも天に近く、宇宙や神の国からのメッセージを受け取りやすいチャクラです。ここが開くと、「分かった！」、「覚醒した！」というような状態となり、天命を知ることができるといわれていますが、ここはあくまでも7番目に訪れる部分です。一番下の赤（現実）がしっかりできていて、積みあがって到達する場所、という感じです。

私は、1色に2時間かけるチャクラ講座というのを全国で実施しておりますが、紫の回では受講生の方に「小さい頃はどんなお子さんでしたか？」という質問をします。

家族に聞いてもらったりして、小さい頃大好きでよくやっていたことを思い出してもらいます。

「石を集めるのが好きでした」という方がいました。「石を握ったときの、あのシーンとした静かな落ち着いた気持ちが好きで好きでたまりませんでした」とおっしゃっていました。その方は今、ストーンショップの仕事をしています。

「絵を描くのが好きでした。お話を作るのが大好きで、友達を登場させた物語を似顔絵つきでホチキスで製本して本にしていました」。その方は絵本作家になる夢をもっています。

小さい頃は、魂の癖が出やすいので、たとえお母さんに怒られてもついついやってしまう大好きなことがあったのではないでしょうか。思い出してみてください。どんなことが大好きなお子さんでしたか?

今回地球に生まれるにあたり、その前にいたところで誰かと「地球でこれをやっておいで」という約束をしたような気がする……、それは何だろう……、というようなことが気になるとき、紫がきれいに見えたりします。

紫が大好きなときは、占いなどに行きたくなったり、人生や将来について考えたくなったりするかもしれません。

赤から順番にがんばってきた最後に到達する紫のステージ。

「これが自分だ!」、「これをやるために生まれてきたんだ!」と感じられる境地。これを自己実現、ということができるのかもしれません。

このように、虹はその順序にとても大切な意味があります。まずは目の前のこと、足元のこと、つまり色でいうと赤からスタートすることがとても大切です。

赤は数字でいうと「1」。たとえば黄色は3番目、青は5番目です。数字で考えると、

「1」は「1」からできています。「3」は「1、2、3」からできています。「5」は「1、2、3、4、5」からできています。つまり、「1」はいつでもあるのです。スタメンなのです。ということは、まず目の前の現実をしっかり受け止め、地に足をつけて生きていくことがまず大切であり、そこからしっかりと7色が積みあがっていくことにより、自己実現しやすい人物となっていくことができるのです。

空に架かる虹の七色の順番は、人生を上手くいかせるために神様がくれた手紙のようですね！

【実践！】答えは自然界にあり！～一本の木の色から～

◆結局どの色が一番いいの？　色に優劣はありません

色彩学を学んでいると、自然界の色彩の意味を知ることになります。

自然界の色彩を注意深く見ていると、それぞれの色の役割が分かります。

たとえば一本の木を見てみましょう。

幹が太い木は大木となってたくましく育っています。幹が太い木は根もまた太く深く地中に伸びていることでしょう。そして見事な枝ぶりでしっかりと葉を茂らせています。季節に応じて一面に美しく花が咲き誇ったり、美味しい果実を実らせることでしょう。冬になると葉や花や実は枯れ落ちていきますが、幹や根は隆々と息づいたままです。

人を一本の木とたとえた場合、幹や根の部分の強化は、つまり生きるうえでの「志」を強くすることと言えます。根幹がしっかりしている人物は、太い幹、地中深くしっかりと張った根を持ち、多少の外的要因でブレることのない一本の太い思いをもって生きています。それを「志」と呼ぶことができます。

大きな嵐が人生に起きたとき、ポキンと折れてしまう幹もあれば、しっかり根付いてびくともしない太い幹もあることでしょう。

また、木は太陽光からたくさんの栄養分をもらい光合成をします。より多い光をもらうため、木は枝葉を広げ、たくさんの葉っぱで太陽光をもらいます。花が咲くこともあるでしょう。美しい彩りは見る人の心を華やかにします。鳥や虫を寄せ付け、受粉を促し、種を遠くに運びます。実がなることもあるでしょう。豊かさを味わい、栄養分をシェアし、周りに還元します。

色でいうとそれぞれ何色でしょう。


根幹は、深い茶色や黒でしょうか。本物を感じさせるどっしりと重い色。剛健な強さのある色です。

太陽光は透明な光、空は青です。

太陽そのものは黄色です。

葉っぱは、黄緑や緑。知的好奇心の黄緑、深い緑は癒しも表します。

花たちは色とりどりのパステルカラー。根幹の渋みの対極にある、明るく鮮やかに人々を惹きつける色です。

果実は赤や赤紫。手にすることで豊かになれる、現実的な目標の色です。周りへ豊かさを与えます。

カラーを学んでいると、カラフルな色が素晴らしく、地味な色は良くない、というような会話をよく耳にしますが、木を見るとそうとは思えません。それぞれの色に役割があり、それぞれの色あいがそのまま役目を果たしているかのようです。

色に優劣はありません。

カラフルな色は人の気持ちをわくわくさせ、ときめかせます。しっかりした暗い地味な色は、人の気持ちを安心させ、落ち着かせます。自分はどの色が多く、どの色が少ないでしょう足りない色を補うことで立派な大木となれるのかもしれません。木の面積を考えたカラーバランス的にいっても、重量感のある深い色がある程度存在することにより、たくさんの枝葉や花や実をもつことができる大木となることができます。枝葉や花や実は季節に応じて変化しますが、根幹はいつもしっかりと動じない姿を見せています。

人生には、パステルカラーの日々ばかりではないかもしれません。

黒い日、地味な色の日もあることでしょう。

冬の期間、カラフルな色をなくした木の中で、強いエネルギーが育まれているように、華やかな色合いではない日にも、必ずエネルギーは宿り、いつの日かまた彩り豊かな花を咲かせるのです。

枯れ木が春に花を咲かせるだなんて、色は目の前にない色をも、内包しているかのようですね。

自然界には色の答えがたくさんあります。

かつて平安時代の日本人がしていたように、今を生きる私たちも、移ろう四季ならぬ365季の色を愛でることが、一番の「実践」なのかもしれません。

あとがき

本書をお読みいただいた皆様、誠にありがとうございました。

色彩の力は実に絶大です。

願わくば、皆様が本書を閉じて色を堪能したくなってくださっていたら、とても嬉しく思います。色の効果を試してみたくてうずうずしてくださっていたら、最高に本望です。

食卓にカラフルな野菜や果物があふれていると幸せを感じるように、ウィンドウディスプレイの色彩に季節の喜びを感じるように、私たちは、衣食住に風俗にアートに経済に色彩の魅力を謳歌してきました。古代から、情熱やときめきとともに、色彩が存在していました。「色」という素晴らしい神様からの贈り物を、ぜひ皆様の人生をより輝かせる親しい道具としてお使いください！

私はいま全国十数か所で「志喜彩塾」という塾を開講させていただいており、300名の塾生がいます。「己の色を知り、鮮やかに輝く」、「色に優劣はない、すべての色は素晴らしい」ということを、仲間で共有させていただいている塾です。塾の中では本書に書いてあるようなことを実際にカリキュラム化して、塾生の皆さんに実践していただいています。なんといっても嬉しいのは、お会いするたびに、全国の仲間がどんどんキラキラと輝いていくことです。お互いがお互いの個性を磨き合い、高め合い、色に優劣がないように、どの色もそれぞれがすばらしいという共通認識のもとに、それぞれがそれぞれらしい良さを伸ばしてカラフルな集団になっていくさまは、見ていて圧巻です。ひとりひとりがどんどん素敵に輝いていくことはなんと素敵なことなんでしょう。それはとても勇気が得られることであり、色を学ぶということの真の素晴らしさの証でもありました。

彼らのエネルギー、彼らの変化、輝きのおかげで、この本を書くことができました。

彼らの輝く表情を見ているうちに、この本を書かずにいられなくなりました。

「色の力はすごい！　色の力は実践してこそ、こんなにもすごいんだ！」

このことを声を大にして申し上げたくなったのは、それを体現しているキラキラ輝く塾生の皆さんの存在のおかげです。

このスペースをお借りして、カラーの神様が出会わせてくださった全国のかけがえのない大好きな志喜彩塾生の皆さんへ心から感謝をお伝えしたいと思います。

そして本書を書かせてくださった周りのすべての皆様へ、心から感謝を申し上げます。

さあ！　色彩を実践しましょう！　命の色を輝かせ、地球の色彩を喜び、味わい、キラキラに輝く日々をお過ごしください！

感謝を込めて

吉田麻子

●参考文献

「色の秘密　最新色彩学入門」野村順一（ネスコ）
「日本の色辞典」吉岡幸雄（紫紅社）
「色で売る」高坂美紀（ビジネス社）
「人は見た目が９割」竹内一郎（新潮新書）
「色彩―色材の文化史」フランソワ・ドラマール＆ベルナール・ギノー（創元社）
「５色の野菜カラダ革命」中沢るみ（静山社文庫）
「なないろセラピー」泉智子（KK ベストセラーズ）
「色彩の本質・色彩の秘密」ルドルフ・シュタイナー（イザラ書房）
「色彩心理のすべてがわかる本」山脇惠子（ナツメ社）
「魂からの癒し―チャクラ・ヒーリング」ブレンダ・デーヴィス（徳間書店）
「カラー・ミー・ビューティフル」キャロル・ジャクソン　佐藤泰子（講談社）
「好きな色嫌いな色の性格判断テスト」フェイバー・ビレン（青娥書房）
「色は売り上げを３倍あげる」山本真弓　田中ひろみ（明日香出版社）
「色彩心理の世界」末永蒼生（PHP）
「あなたを変えるカラーセラピー」リンダ・クラーク（中央アート出版社）
「トゥルー・バランス」ソニア・ショケット（ダイヤモンド社）
「はじめてのパーソナルカラー」トミヤママチコ（学習研究社）
「役に立つパーソナルカラー」トミヤママチコ（学習研究社）
「カラーコーディネーターのための配色入門」川崎秀昭（日本色研事業）
「カラーコーディネーターのための色彩心理入門」近江源太郎（日本色研事業）
「カラーコーディネーター入門色彩」大井義男　川崎秀昭（日本色研事業）
「経営者の条件」ピーター・F・ドラッカー（ダイヤモンド社）
「ドラッカー・ディファレンス―クレアモントの授業」
　　クレイグ・L・ピアース　ジョセフ・A・マチャレロ　山脇秀樹（東洋経済新報社）
「実践するドラッカー【思考編】」上田惇生監修　佐藤等編著（ダイヤモンド社）
「実践するドラッカー【行動編】」上田惇生監修　佐藤等編著（ダイヤモンド社）
「実践するドラッカー【チーム編】」上田惇生監修　佐藤等編著（ダイヤモンド社）
「ツキの最強法則」西田文郎（ダイヤモンド社）
「NO.1 理論」西田文郎（現代書林）
「強運の法則」西田文郎（日本経営合理化協会）
「あなたは絶対！運がいい」浅見帆帆子（グラフ社）

吉田 麻子

株式会社カラーディア代表取締役
文部科学省後援ＡＦＴ１級色彩コーディネーター
東京商工会議所環境色彩１級カラーコーディネーター
東商商品色彩１級カラーディネーター
東商ファッション色彩１級カラーコーディネーター
色彩学会正会員
日本パーソナルカラー協会認定パーソナルカラーリスト
オーラライトカラーセラピーセラピスト
センセーションカラーセラピーティーチャー

「カラーで人は必ず輝く！」をテーマに、各種セミナー、講演、講座等を全国で実施。（2011 年実績 197 回）

ドラッカー研究者の佐藤等氏とブレーントレーニングの第一人者西田文郎氏を師と仰ぎ、色彩学にドラッカーやブレーントレーニングを融合させた独自の理論を構築し、提案している。

「志」、「喜」、「彩」の３つのテーマに沿って自分を高める塾「志喜彩塾」を主宰。「自分のことくらいは自分で輝かせることができる人材を創る」、「己の色を知り、鮮やかに輝く」、「色に優劣はなくすべての色は素晴らしい」といったテーマで展開している。「志喜彩塾」は、札幌、仙台、東京、新潟、浜松、名古屋、大阪、福山、北九州、久留米、熊本で実施され、全国の門下生は 300 名を超える。

毎日発行のメルマガ「吉田麻子のカラーで人は必ず輝く」は全国に 5000 人の愛読者がいる。

著書の「7 色のすごいチカラ！」（エイチエス）は、2010 年 6 月アマゾンヒット商品ランキングで 1 位を獲得。

メルマガ「吉田麻子のカラーで人は必ず輝く」は、
00571983s@merumo.ne.jp へ空メール送信で登録できます。

株式会社カラーディア 吉田麻子事務局　support@colordear.jp

【実践する色彩学】

初　刷 ――― 二〇一二年五月一〇日
著　者 ――― 吉田麻子
発行者 ――― 斉藤隆幸
発行所 ――― エイチエス株式会社
064-0822
札幌市中央区北2条西20丁目1-12佐々木ビル
phone : 011.792.7130　fax : 011.613.3700
e-mail : info@hs-prj.jp　URL : www.hs-prj.jp
発売元 ――― 株式会社無双舎
151-0051
東京都渋谷区千駄ヶ谷2-1-9 Barbizon71
phone : 03.6438.1856　fax : 03.6438.1859
http://www.musosha.co.jp/
印刷・製本 ――― 株式会社総北海
乱丁・落丁はお取替えします。

ISBN978-4-86408-933-3